Dieter K.
Pastoraler M
74379 Ingersheim
Kath.Kirchengemeinde
Neckarstr. 22/T:07142-52123

D1930490

Familienspaß
im Kirchenjahr

Anregungen zur aktiven Gestaltung der christlichen Feste

Erklärung der Feste
Geschichten
Basteln
Rätsel, und vieles mehr!

Text und Redaktion
Birgit und Rainer Fauser
Zeichnungen und Gestaltung
Arno Czerwonka

1.2.3.4. Auflage/Jahr 95 94 93
© 1993 ZEBOLD Verlag GmbH, München
Umschlag: A. Czerwonka, Reichertshausen/Ilm
Druck: Aumüller Druck KG, Regensburg
Printed in Germany

ISBN 3-86188-113-6

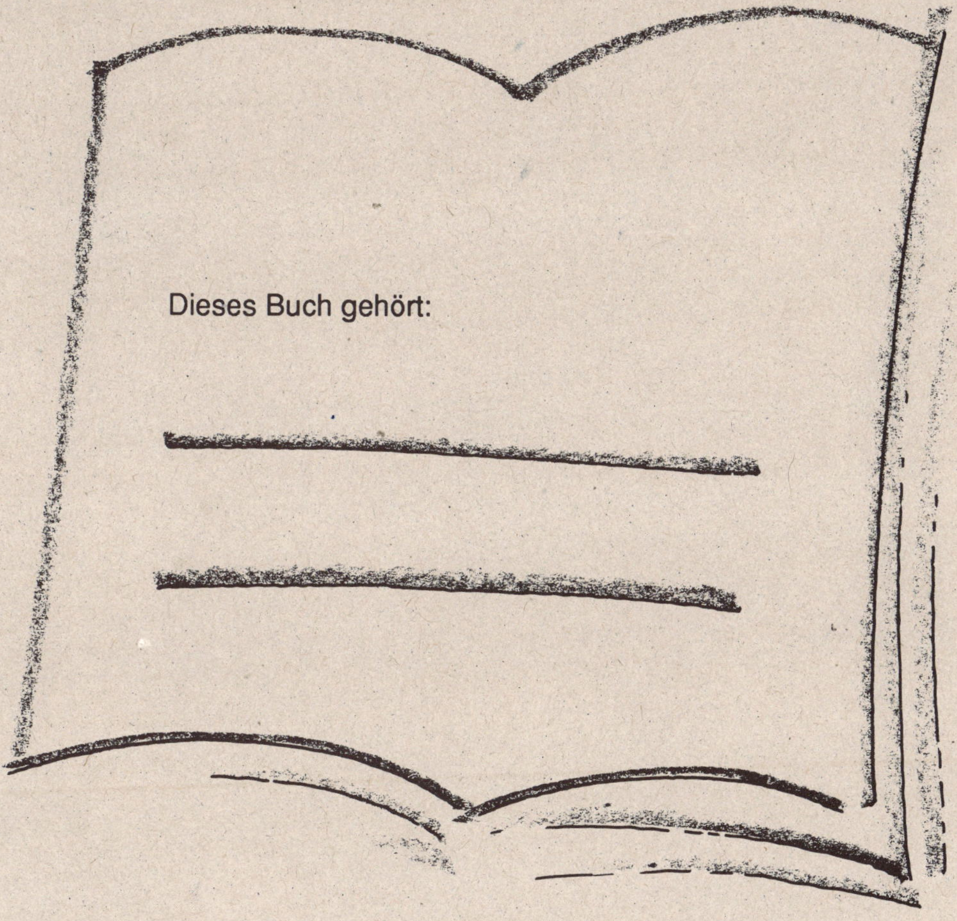
Dieses Buch gehört:

Liebe Kinder, Liebe Eltern

mit unserem Buch wollen wir euch einladen gemeinsam zu Feiern und das Kirchenjahr bewußt zu erleben.
Das Kirchenjahr hat viele Feste. Wir wollen euch ein wenig darüber erzählen und Anregungen zum Spielen, Basteln, Raten und zum Familiengespräch geben. Wir haben eine Auswahl der wichtigsten und bekanntesten katholischen wie evangelischen Feste getroffen.

Viel Spaß auf dem gemeinsamen Weg durch das Kirchenjahr wünschen Euch
Rainer und Birgit Fauser

PS: Die eingerahmten Erklärungen zu den Festen, sind für die Erwachsenen und älteren Kinder als Hintergrundinformation gedacht.

Symbole

Frühling 

Sommer 

Herbst 

Winter 

 Basteln

 Rätsel

 Geschichte

 Hintergrund

 Aktion

 Spiel

Inhaltsverzeichnis

Inhaltsverzeichnis

Das ist unsere Buchfamilie

Hallo, ich heiße Felix. Ich gehe schon in die 3. Klasse. Das ist Lisa, meine kleine Schwester. Das sind meine Mama und mein Papa. Kommt, wir begleiten euch durchs Kirchenjahr.

Die Kirchenfeste stehen oft in Beziehung zu den Jahreszeiten. So wird im kalten und dunklen Winter besonders deutlich, daß wir Menschen Wärme und Licht brauchen. An Weihnachten kommt Licht in die Dunkelheit der Welt: Jesus ist geboren.

Ostern feiern wir im Frühling. Die Natur erwacht. Die ersten Blümchen stecken ihre Köpfe durch die kalte Erde. Nach der langen Zeit des Winters freuen wir uns über jedes Zeichen des erwachenden Lebens. Die Osterbotschaft der Christen geht noch weit über dieses schöne Naturereignis hinaus: Jesus ist auferstanden.

I. Kapitel

Advent und Weihnachten

Advent

Advent bedeutet Ankunft, Erwartung.
Die Christen feiern ihn in froher Erwartung auf die Geburt Jesu: Der Heiland und Erlöser der Welt kommt. Licht fällt in die Dunkelheit und macht sie hell.
Tragendes Symbol der Adventszeit ist daher das Licht.

Die Geschichte vom Adventskranz

Endlich! Die ersten Schneeflocken! Lisa und ich sitzen am Fenster und drücken unsere Nasen an die Scheibe. Wie die Flocken langsam auf die Erde fallen und alles weiß machen. Echt super! Ein Winter wie schon lange nicht mehr.

»Schade, daß es schon so dunkel ist«, sagt Lisa. »Ich würde gerne noch rausgehen und ein paar Schneeflocken fangen.«

»Oder eine kleine Schneeballschlacht machen,« fällt mir ein. »Morgen nach der Schule und nach dem Kindergarten könnt ihr bestimmt beides tun.«

Mama ist ins Zimmer gekommen und freut sich mit uns über den Winterzauber. »Kommt doch ins Wohnzimmer, wir wollen noch ein bißchen Advent feiern. Es gibt Butterplätzchen,« zwinkert sie uns zu. »Au, fein!«, jubeln Lisa und ich im Chor und sausen ins Wohnzimmer.

Papa zündet gerade die zweite Kerze am Adventskranz an. Es duftet nach heißem Kakao und frisch gebackenen Plätzchen. In unseren Augen spiegelt sich der Kerzenschein. »Ich mag den Advent so gerne, weil es Plätzchen gibt und alles so gemütlich ist,« schwärmt Lisa und alle stimmen ihr zu.

Ich sehe gedankenverloren in das Licht der Adventskerzen. »An was denkst du, Felix?« Papa sieht mich lächelnd an. »Ach, an alles Mögliche. Habt ihr eigentlich auch früher Advent mit Kerzen und so gefeiert?« Mama und Papa schauen sich an und lächeln. »Ja, Advent feiern war schon immer etwas Besonderes,« meint Papa.

»Warum feiern wir eigentlich Advent mit Kerzen und so?« frage ich neugierig.

»Weil Kerzen schön sind«, ruft Lisa.

»Da hast du Recht,« bestätigt Mama. »Und ohne Kerzen wäre früher alles dunkel gewesen, das elektrische Licht gab es ja noch nicht.«

»Genau, Felix! Kerzen waren damals sehr wichtig. Da fällt mir gerade eine Geschichte dazu ein. Die Geschichte vom Adventskranz. Soll ich sie erzählen?«

»Au ja, Papa« rufen Lisa und ich gemeinsam und lehnen uns gemütlich in den Sessel zurück. Die Kerzen am Adventskranz lassen wir nicht aus den Augen und hören gespannt zu.

Es war einmal ein Mann, der hieß Johann Heinrich Wichern. Er hatte ein großes Haus und wohnte dort mit vielen armen Kindern. Die meisten von ihnen hatten keine Eltern mehr.

»Die armen Kinder«, sagt Lisa mitleidig, « die hatte keiner lieb«.

»Deswegen nahm Heinrich Wichern die Kinder in sein Haus auf und sorgte für sie wie ein Vater. Er gab ihnen genug zu essen, und zu trinken. Im Haus waren die Kinder vor der Kälte des Winters geschützt. Außerdem sollten die Kinder verstehen, was es bedeutet, wenn Jesus auf die Welt kommt. Da kam ihm eine ganz tolle Idee.«

»Weiter, Papa«, sage ich gespannt wie ein Regenschirm.

»In dem großen Haus gab es eine riesige Eingangshalle: Im Winter war es dort recht dunkel, weil nur wenige Fenster da waren. Deshalb hing an der Decke ein mächtiger Kronleuchter mit 24 Kerzen.

Er zündete aber nicht alle auf einmal an, sondern jeden Tag nur eine Kerze mehr bis am heiligen Abend alle Kerzen brannten.

Zuerst brannte nur eine Kerze. Da war es noch ganz schön dunkel in der Halle.

Aber schon eine Woche später brannten 8 Kerzen und die Kinder konnten schon in alle Ecken der Halle sehen. Als alle 24 Kerzen leuchteten, durchflutete das weiche Kerzenlicht die ganze Halle«.

»Was denkt ihr, wie die Kinder sich fühlten?«

»Bestimmt haben sie sich gefreut«, rufe ich.

»Das war ganz gemütlich und schön, wie bei uns heute«, sagt Lisa lächelnd.

»Genau,« sagt Mama.

Als alle Kerzen leuchteten spürten die Kinder, was es heißt geliebt zu werden. Sie freuten sich jeden Tag über die Wärme und die Geborgenheit, die Kerzen ausstrahlten. Und jetzt konnten sie sich auch auf Jesus freuen und merkten: Das Licht kommt bald in die Welt. Auch ohne Mama und Papa brauche ich nicht traurig sein, weil Jesus mir ganz nahe ist. Ich kann ihn spüren und erfahren, auch wenn ich ihn nicht sehe.«

»Eine schöne Geschichte« finde ich«, und noch dazu eine Echte.« Lisa fährt mit ihrer kleinen Hand vorsichtig über die Kerzenflamme. In ihren Augen spiegelt sich die Freude auf Weihnachten.

Adventskalender

Die Idee des Adventskalenders ist etwa 100 Jahre alt. Zunächst haben Mütter ihn für ihre ungeduldig auf Weihnachten wartenden Kinder selbst gemacht. Der erste gedruckte, bunte Papieradventskalender kam aus München und kostete 30 Pfennige.

Wir machen einen Familienadventskalender

Jeder darf mitmachen, beim Einpacken der Geschenke und beim Öffnen.
Teilt die Zahl 24 durch die Anzahl euerer Familienmitglieder. Bei uns muß also jeder 6 Päckchen machen.
Klar, daß kleineren Kindern dabei etwas geholfen werden muß. Die Geschenke sollen am besten nichts oder sehr wenig kosten.
Ich selbst habe ein Gedicht geschrieben, ein Bild gemalt, einen kleinen Radiergummi gekauft und ...pst, ich darf ja gar nichts verraten.
Zum Schluß markiert jeder sein Päckchen mit einem bestimmten Zeichen z.B. einem Stern, damit er sie später nicht selber nimmt.
Alle Päckchen werden dann in ein schönes Gefäß gelegt. Jeden Tag darf abwechselnd ein Päckchen geöffnet werden.

Tip für Erwachsene
Auch Gutscheine kommen bei Kindern gut an. Z.B. für einen gemeinsamen Besuch im Hallenbad, in der Eislaufbahn.... für einen besonderen Spieleabend, eine Abend/Nachtwanderung....

Serviettenhalter für den adventlichen Kaffeetisch

Ihr braucht

- weißen Tonkarton
- spitze Schere
- schwarzen Filzstift
- Servietten aus Stoff o. Papier

Anleitung

Übertragt den Schneemann mit Hilfe von Butterbrotpapier auf den weißen Tonkarton und schneidet ihn aus.
Jetzt malt ihr mit dem Filzstift das Gesicht, den Hut und die Arme ein. Den Hut könnt ihr auch mit schwarzem Buntpapier bekleben.
Durch das Loch im Bauch des Schneemanns steckt ihr die Servietten und schon kann der kleine Schneemann stehen. Am besten sehen natürlich bunte Servietten aus.

Tip

Vielleicht findet ihr ja noch ein kleines Stück Geschenkband oder einen dicken Wollfaden, der farblich zu eueren Servietten paßt. Dann laßt daraus einen Schal für eueren Schneemann werden.

Nikolaus

In der Nikolausgestalt vermischen sich die Geschichten und Legenden zweier Personen. Zum einen von Nikolaus, dem Bischof von Myra, der im Jahre 270 n.Chr. in Patras geboren wurde. Zum anderen von Nikolaus von Sion, Bischof von Pinara, er lebte im 6.Jh.
Der wahre Kern aller Geschichten und Legenden zeigt, daß Nikolaus ein sehr gutherziger, mitleidvoller und hilfsbereiter Christ war und ein besonderer Freund der Kinder.

Die Legende von den drei Goldklumpen

Zu der Zeit, da Nikolaus Bischof in Myra war, lebte dort eine arme Familie. Als die Mutter starb, wurde auch der Vater sehr krank und konnte nicht mehr arbeiten.

Bald waren sie so arm, daß sie nichts mehr zu essen hatten. Der Mann hatte aber drei wunderschöne Töchter und er dachte, bevor wir alle elend verhungern müssen, werde ich meine Töchter an einen reichen Mann verkaufen.

Der Vater war darüber sehr traurig und betete zu Gott, daß er ihm und seinen Töchtern helfen möge. In einer Nacht, als sie alle schon längst im Bett lagen, fiel ein Goldklumpen durch das offene Fenster in das Schlafzimmer der Mädchen. Wie war die Freude groß. Und die älteste Tochter konnte damit den Mann heiraten, den sie liebte.

Genauso geschah es in der zweiten Nacht. in der dritten Nacht blieb der Vater lange wach und versteckte sich. Und tatsächlich flog auch in dieser Nacht ein Goldklumpen durch das Fenster. Da rannte der Vater auf die Straße und wißt ihr, wer gerade schnellen Schrittes davonging? Der gute Bischof Nikolaus!

Ihr könnt die Geschichte mit den Fingerpuppen nachspielen

1.Tochter

»Ach Vater, wir haben kein Brot mehr. Es ist auch kein Getreide da, das ich mahlen könnte, um etwas zu backen.«

Vater

»Ja, meine lieben Kinder, ich habe auch kein einziges Geldstück mehr. Ich weiß nicht, was ich machen soll.«

... spielt selbst die Geschichte weiter.....

Fingerpuppen

zu der Nikolauslegende von den drei Goldklumpen:

Ihr braucht

- dünne Pappe
- Stifte
- Schere und Kleber

Anleitung

Figuren auf dünne Pappe übertragen, anmalen und ausschneiden. Den Streifen zu einem Fingerring kleben. Die Münder der drei Mädchen und des Vaters malt ihr noch selber mit Bleistift auf. Am Anfang sind sie ja sehr arm und traurig. Nach Nikolaus' Hilfe freuen sie sich.

Nikolaus - Ein Buchstabenrätsel

Der Nikolaus ist über eine Wurzel gestolpert. Alle Dinge in seinem Rucksack sind durcheinander gepurzelt. Wer hilft jetzt dem Nikolaus beim Buchstaben sortieren? Die unten abgebildeten Gegenstände helfen dir.

ÜSESN	______________	**ZERKE**	______________
EPPUP	______________	**LSHAC**	______________
RADAMENNIN	______________	**BENSEIHAN**	______________
HUBC	______________	**LOKOCHASED**	______________
LEFÄP	______________	**OFSTITERF**	______________
OTAU	______________	**BELEKNUCH**	______________

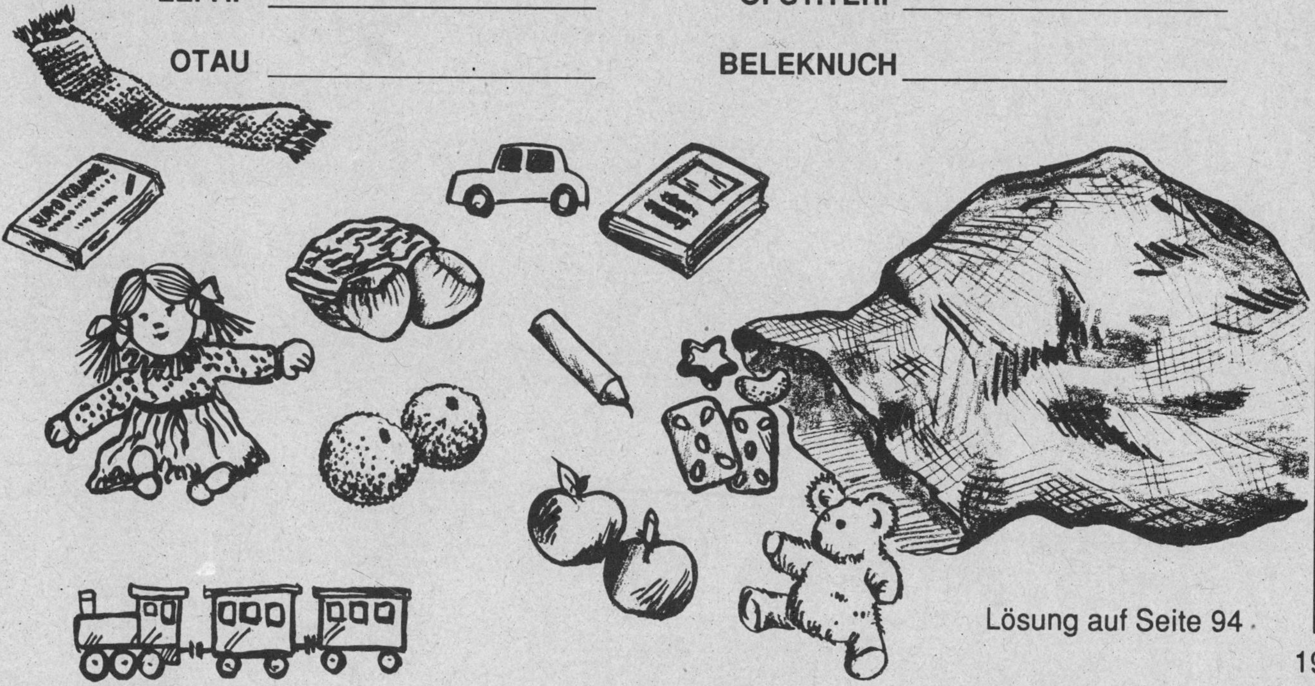

Lösung auf Seite 94

Weihnachten

Weihnachten- das ist das Fest der Freude über die Geburt Jesu, über das Kommen Gottes zu den Menschen. Unbekannt ist das genaue Datum der Geburt Christi, zumal die ersten Christen nur Ostern und den Sonntag als Erinnerung an die Auferstehung Jesu feierten. Erst im vierten Jahrhundert wurde das Weihnachtsfest in der Kirche gefeiert. Heute gilt es als eine der wesentlichen Höhepunkte des Kirchenjahres, auch wenn Weihnachtsstreß und Geschenkerummel den eigentlichen Sinn des Festes in den Hintergrund drängen: Gott macht sich klein und kommt als Mensch auf die Welt, für den in der Herberge und in den Herzen der Menschen kein Platz ist.

Weihnachtsduft liegt in der Luft

»Hier duftet es aber gut nach Weihnachten!« Kennt ihr das auch? Bestimmte Gerüche erinnern uns an Weihnachten, z.B. Zimt, Nelken, Piment, Anis.
Noch im Mittelalter waren diese Gewürze Kostbarkeiten. Sie wurden auf einem langen, beschwerlichen Weg aus dem Orient nach Europa gebracht. Da sie so teuer waren, wurden die Gewürze das ganze Jahr über aufgespart und nur an Weihnachten verwendet.
So erhielten die Weihnachtsleckereien ihren besonderen Geschmack und Geruch (z.B. Lebkuchen).

Butterplätzchen

Folgender Teig eignet sich besonders gut zum Plätzchen ausstechen.

¾ Pfund Butter
4 Eigelb
250 g Zucker
1 Päckchen Vanillezucker
1 Pfund Mehl

Alles zu einem Teig verrühren und etwas in den Kühlschrank stellen. Dünn ausrollen, ausstechen und bei 200° C goldgelb backen.
Zitronensaft mit Puderzucker vermischen und damit die abgekühlten Plätzchen bestreichen. Auch Schokostreusel, bunte Perlen etc. halten auf dieser Glasur.

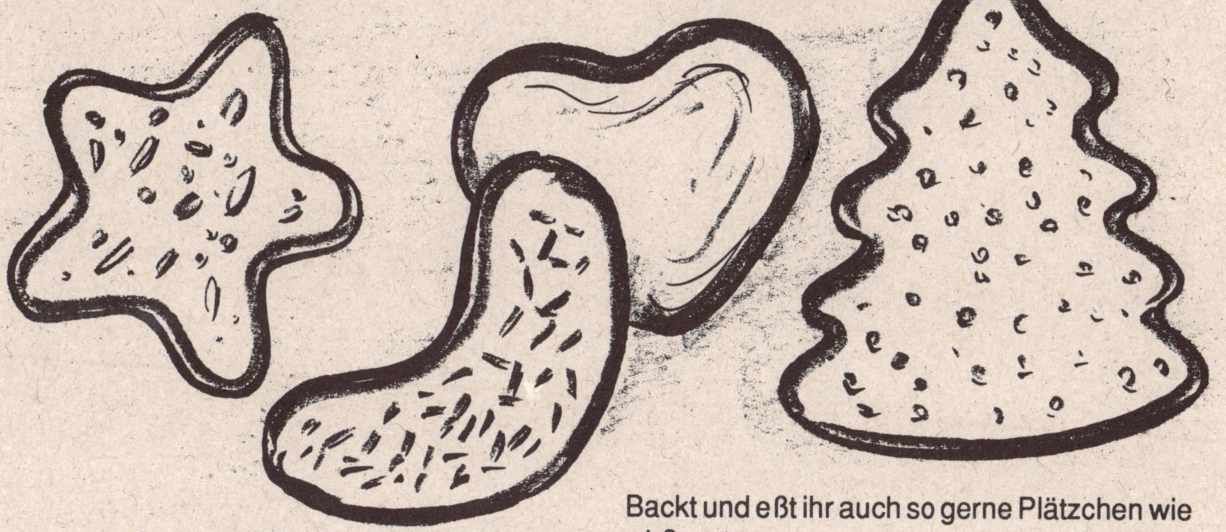

Backt und eßt ihr auch so gerne Plätzchen wie wir?

Weihnachtssymbole

Der Weihnachtsstern: Er führte die Weisen zur Krippe (siehe auch Dreikönigstag, S 41).

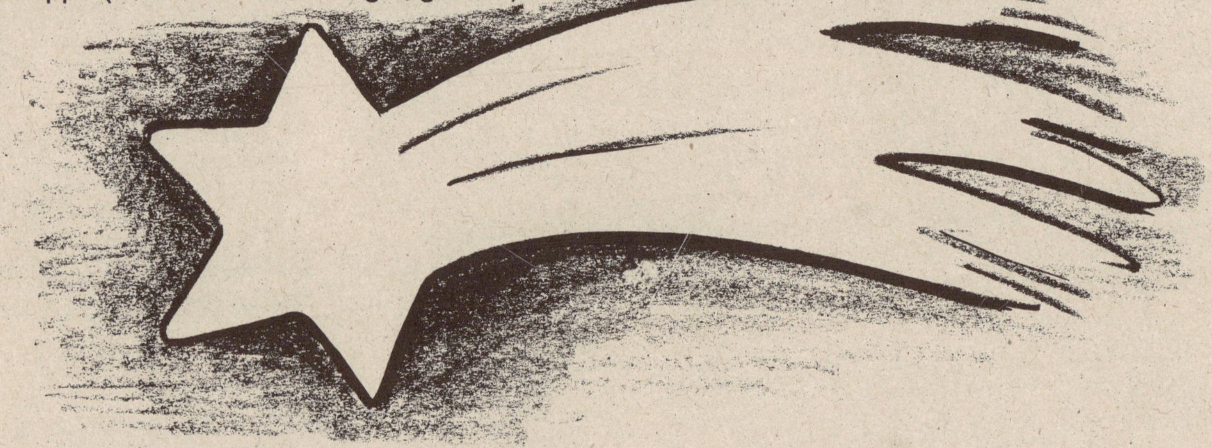

Tannenbaum oder grüne Zweige: Symbol der Beständigkeit und Treue. Im Gegensatz zum Laubbaum, der seine Blätter abwirft, bleiben die Nadelbäume auch im Winter grün. In dem Lied »O Tannenbaum« wird das beschrieben.

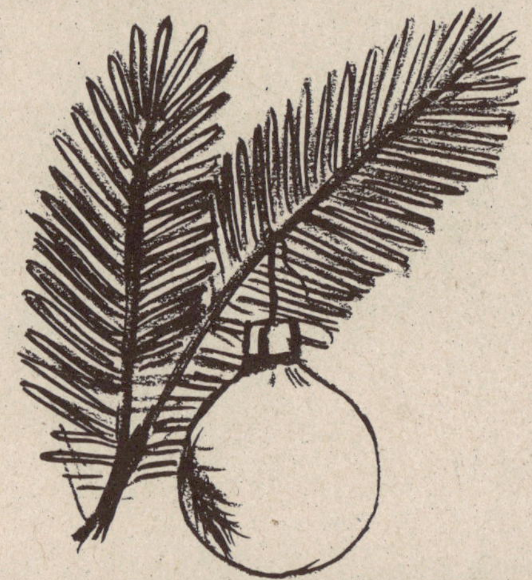

Die Kerze ist das Zeichen der Liebe. Sie schenkt Licht und Wärme.

Geschenkanhänger

Braucht ihr auch noch ein paar Geschenkanhänger für all die vielen Päckchen?

Ihr braucht

- Tonpapier oder Tonkarton
- Schere
- Stifte
- Butterbrotpapier

Anleitung

Übertragt mit Hilfe des Butterbrotpapiers die Umrisse der Symbole auf das bunte Papier und schneidet sie aus. Beschriftet und verziert die Anhänger und schon könnt ihr sie für euere Päckchen verwenden.

Etwas schwieriger

Ihr benötigt noch

- Reste von Geschenkpapier
- Kleber

Übertragt die Symbole zusätzlich auf Geschenkpapier.
Am besten sieht es natürlich aus, wenn ihr das selbe Papier nehmt, mit dem das Päckchen eingepackt ist.
Jetzt schneidet ihr das Geschenkpapier rundherum ca. 1/2 cm kleiner aus und klebt es auf den Geschenkanhänger.
Bei der Kerze die Flamme aussparen.

Unterhaltet euch doch einmal darüber!!!!! Jedes Jahr gibt es nach Weihnachten einen riesigen Berg Geschenkpapier im Abfall. Wie könnte man denn Geschenke sonst noch verpacken?

Oma erzählt - Weihnachten früher

Heute sind Oma und Opa gekommen. Wir haben sie vom Bahnhof abgeholt. Sie werden einige Tage bei uns zu Besuch sein.

Lisa und ich haben uns schon so auf Oma und Opa gefreut.

Jetzt sitzen wir bei Kerzenschein und leckeren Plätzchen im Wohnzimmer.

»Oma«, fragt Lisa, »was hast du denn zu Weihnachten bekommen, als du noch ein Kind warst?«

»Ach ja,« sagt Oma »früher haben wir Kinder nicht so viele Geschenke bekommen. Meine Eltern waren nicht reich und sie hatten

neun Kinder. Aber es war immer besonders gemütlich in der Adventszeit. Meine Eltern hatten einen Bauernhof und mußten das ganze Jahr schwer arbeiten. Nur im Winter, wenn man nicht auf dem Feld arbeiten konnte, war es etwas ruhiger.

Die Tiere mußten natürlich immer versorgt werden. Im November war dann meistens meine Puppe verschwunden. Ich bekam sie dann als Weihnachtsgeschenk wieder und sie hatte wunderschöne, neue Kleider an, die meine Mutter selbst genäht hatte. Ich habe mich dann riesig gefreut.

Bei uns gab es noch einen netten Brauch in der Adventszeit, den wir Kinder so liebten.

Ab und zu ertönte nach dem Abendessen ein Glöckchen vor dem Fenster.

Und stellt euch vor an dem Fenster tauchten unsere Weihnachtsgeschenke kurz auf. Auch meine Puppe in ihren neuen Kleidern blickte kurz zu uns herein.

Wir Kinder schauten und staunten. Die Eltern hatten uns erzählt, daß das Christkind an unserem Fenster vorübergeht. Später haben wir natürlich erfahren, daß Vater die Spielsachen für uns ins Fenster hielt. Aber für uns Kinder war es ein ganz besonderes Ereignis.«

»Das kann ich mir gut vorstellen.« sage ich.

Als Oma mit ihrer Geschichte fertig ist, werden wir leider ins Bett geschickt. Beim Erzählen ist es spät geworden. Gut, daß Oma und Opa noch ein paar Tage hier bleiben, dann können sie uns noch mehr von früher erzählen.

Laßt euch doch auch einmal von eueren Großeltern erzählen, wie sie füher Weihnachten gefeiert haben. Bestimmt erzählen sie euch gerne davon.

Wir verzieren Kerzen

Heute war Mama in der Stadt. Sie hat Kerzen für uns mitgebracht. Vier dicke weiße Kerzen und bunte Wachsplatten.
»Da bin ich aber gespannt, was wir damit Basteln werden.«
»Aus den Wachsplatten kannst du verschiedene Formen schneiden, Felix, zum Beispiel einen Stern. Das Wachs läßt sich auch kneten. Dann drückst du es leicht an die Kerze, dort haftet es«. erklärt Mama.
»Das möchte ich gleich ausprobieren.« Schnell hole ich alte Zeitungen, Lisa und ich bedecken damit den Tisch.

Zum Basteln brauchen wir

- dicke Kerzen
- Wachsplatten (im Bastelladen erhältlich)
- Messer
- Holzbrettchen (zum Unterlegen)
- (möglicherweise Plätzchenausstecher)

»Ich habe eine gute Idee, ich will einen Nikolaus mit einem roten Mantel und einer roten Mütze machen«.
Gleich mache ich mich mit Feuereifer ans Werk. Mama hilft Lisa ein wenig. Gemeinsam stechen wir mit den Plätzchenausstechern Herzen, Sterne, Schaukelpferde und Glocken aus den Wachsplatten aus.

Lisas Kerze wird auch schön, sie ist ganz stolz auf ihr Meisterwerk. »Meine Kerze schenke ich Oma und Opa zu Weihnachten,« verkündet sie.
»Wenn du einmal wieder in der Stadt bist, Mama, bringe mir doch bitte eine blaue Kerze mit. Dann mache ich aus der weißen Wachsplatte einen Schneemann.«
»Das ist eine gute Idee, Felix.« lobt Mama.

Hast du jetzt nicht auch Lust dazu bekommen? Selbstverzierte Kerzen sind prima Weihnachtsgeschenke.....

Alle Jahre wieder...

Heute ist erster Ferientag!

Juhu - endlich Ferien! Und heute Abend ist Weihnachten. Mir fallen all die Dinge ein, die ich mir wünsche. Bücher, Spiele und eine neue Jeans.

Aber mein größter Wunsch ist und bleibt das Tischfußballspiel. Da kann man so richtig mit Ball und Plastikmännchen gegeneinander spielen. Das macht echt Spaß! Hoffentlich geht dieser Wunsch in Erfüllung!

Wie gerne würde ich dafür auf Anziehsachen und Süssigkeiten verzichten.

Apropos Geschenke: Mir fällt ein, daß ich die Geschenke für Mama, Papa und Lisa noch nicht eingepackt habe. Und das Bild für Oma und Opa ist nicht ganz fertiggemalt.

Schnell mache ich mich an die Arbeit und komme gerade noch rechtzeitig zum Kaffee trinken.

Ihr müßt wissen, daß Weihnachten bei uns immer ähnlich gefeiert wird: Erst trinken wir gemütlich Kaffee. Danach gehen wir in die Kirche zum Weihnachtsgottesdienst. In der Kirche sind wir oft mit den Gedanken schon zuhause beim leuchtenden Christbaum mit all den Geschenken darunter, denn gleich nach dem Gottesdienst gibt es Bescherung.

Heute ist die Kirche wieder rappelvoll, denn an Weihnachten gehen alle zur Kirche, weil es halt dazugehört. Lisa rutscht aufgeregt auf ihrer Bank hin und her. Bestimmt denkt sie auch schon an die Bescherung. Genau wie ich.

Papa und Mama hören zu, was der Pfarrer sagt, jedenfalls tun sie so. Ich gucke mich so in der Kirche um und entdecke im Gang direkt neben uns eine Weihnachtskrippe.

Eine besonders schöne Krippe! In der Mitte liegt Jesus auf Stroh. Bestimmt friert er, denn er hat gar nichts an. Maria und Josef beugen sich über ihr Kind. In ihren Blicken erkenne ich ihre große Freude über ihren kleinen Jesus. Wie süß er daliegt, seine Eltern ansieht und fast schaut es so aus, als ob er strampelt. Wie einfach Maria und Josef angezogen sind. Einfache, nicht mal saubere Leinengewänder nur mit einer Kordel befestigt.

Der Stall sieht so aus, als ob er gleich zusammenfallen würde. Das paßt doch alles nicht zu Weihnachten, denke ich mir, jedenfalls nicht zu all dem Glitzern, den Geschenken und dem leuchtenden Weihnachtsbaum.

Als ob der Pfarrer meine Gedanken gelesen

hat, sagt er: »Gott hat sich ganz klein gemacht. Er ist als einfaches Baby auf die Welt gekommen. Fast unbemerkt wird er geboren, an einem Platz, der nicht gerade zu einem Sohne Gottes paßt. Die Menschen haben ihre Häuser verschlossen. Da war kein Platz für ihn und seine Eltern. Und dennoch ist es Gottes Sohn. Er klopft auch heute bei uns an und will zu uns kommen. Macht doch die Türen auf, damit er heute unsere Dunkelheit hell macht und unser Leben Sinn bekommt.«

Ich sehe auf das Jesuskind im Stroh und merke, daß der Pfarrer recht hat. Obwohl alles so einfach und schlicht ist, bringt Jesus Helligkeit in den verfallenen Stall.

Die tiefe Freude ist an den Gesichtern ganz deutlich zu erkennen.

Zuhause beim Abendessen erzähle ich Mama, Papa und Lisa aufgeregt von meinen Gedanken. Alle freuen sich mit und Mama fügt hinzu. «Und weil wir uns alle so über die Geburt Jesu freuen, beschenken wir uns gegenseitig. Wir können aber nur schenken, weil er uns zuerst beschenkt hat.«

Lisa meint, daß Jesus sie ganz besonders lieb hat, weil sie soviel bekommen hat. Wir alle freuen uns mit ihr. In der Nacht träume ich von Lichtern, Geschenken, Würstchen mit Kartoffelsalat und einem kleinen Kind im Stroh, das uns so froh macht. Und natürlich von meinem schönsten Geschenk, dem tollen Tischfußballspiel.

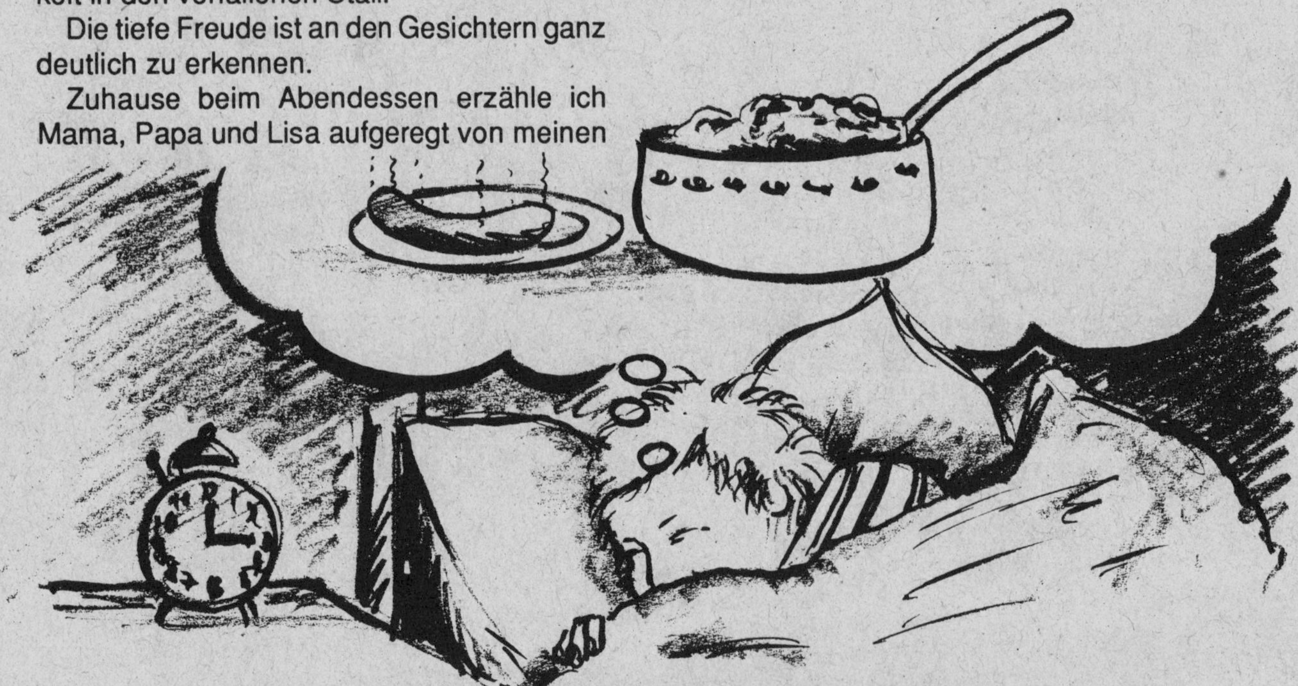

Lesezeichen

Ein kleines Weihnachtsgeschenk

Braucht ihr auch noch ein kleines Weihnachtsgeschenk?
Gefällt euch mein Weihnachts - eisbär - lesezeichen?
Dann basteln wir es doch zusammen.

Ihr braucht

- weiße und rote Filzreste
- Wollreste
- Schere und Kleber
- schwarzen Filzstift, Bleistift

Bastelanleitung

Übertragt die Bärenform auf weißen, das Buch und die Mütze auf roten Filz. Das geht am besten, wenn ihr Pappschablonen herstellt. Paust die Formen mit Butterbrotpapier durch und klebt sie auf dünne Pappe. Dann schneidet ihr sie aus und fertig ist die Schablone. Die Schablonen auf den Filz legen, mit Bleistift umfahren und ausschneiden. Das Buch auf den Bären kleben und die 2 Mützenteile von vorne und hinten aufkleben. Mit einem kleinen weißen Bommel verzieren. Zum Schluß ein paar Wollfäden durch die untere Buchspitze ziehen und festknoten. Das Lesezeichen ist schon fertig.

Großer Weihnachtseinkaufbummel

Könnt ihr entdecken wieviel Sterne in diesem Weihnachtsmarkt zu finden sind?

Lösung auf Seite 94

Weihnachtsbriefpapier

Ihr braucht

- Kartoffel
- rote Wasserfarbe und Pinsel
- Reste von weißem Filz oder Stoff
- Schere und Kleber
- Stifte

Anleitung

Halbiert die Kartoffel mit einem scharfen Messer.
Nun markiert ihr ein spitzes Dreieck auf der Kartoffel und schneidet das Übrige ca 1/2 cm tief weg.
Danach tragt ihr rote Farbe auf das Dreieck auf und druckt damit den Rand des Briefpapiers. Oben und unten oder seitlich.
Aus dem weißen Filz schneidet ihr nun kleine Dreiecke und klebt sie so auf den Mininikolaus.
Mit einem Filzstift deutet ihr das Gesicht an.
Wer bekommt jetzt Post von euch?

Weihnachtsmemory

Habt ihr auch so viel altes Geschenkpapier? Lisa und ich basteln jetzt daraus ein Weihnachtsmemoryspiel. Bis Papa nach Hause kommt soll es fertig sein. Dann machen wir heute einen Spieleabend, wir freuen uns schon darauf. Wenn ihr mitmachen wollt,

braucht ihr

- Tonkarton oder einheitliche Pappe (die Rückseite des Memoryspiels soll ja gleich aussehen)
- Weihnachtspapierreste
- Schere und Kleber.

Durchführung

Schneidet aus Pappe gleichgroße Kärtchen zu. Unsere Karten sind 10cm x 10cm groß.

Die Anzahl der Karten richtet sich nach eurem Alter und euerem Spaß am Memoryspielen. Je mehr Karten das Spiel enthält, desto schwieriger wird es. Zwischen 20 und 30 Karten ergeben ein gutes Spiel.
Jetzt sucht aus dem Weihnachtspapier je 2 gleiche Motive, schneidet sie aus und klebt sie auf Kärtchen. Sterne, Tannenbäume, Schneemänner und Kerzen sind hier zu finden.

Sind alle Kärtchen beklebt, kann das Spiel beginnen.

Spielbeschreibung

Alle Karten werden verdeckt auf den Tisch gelegt. Das jüngste Kind darf beginnen und deckt zwei Karten auf. Sind auf den Karten die gleichen Bilder zu sehen, darf es das Paar behalten, und ist noch einmal an der Reihe. Stimmt es nicht, werden die Karten zurückgelegt und der nächste Spieler ist dran.
Jeder versucht natürlich sich die aufgedeckten Karten so gut wie möglich zu merken. Gewonnen hat, wer am Ende des Spiels die meisten Paare hat.

Weihnachtsliederquiz

Setze in die folgenden Weihnachtslieder die fehlenden Worte ein (ä,ö,ü, ist ein Buchstabe). Die dick unterstrichenen Buchstaben ergeben von oben nach unten gelesen das Lösungswort.

Gesucht wird
Ein Jünger Jesu

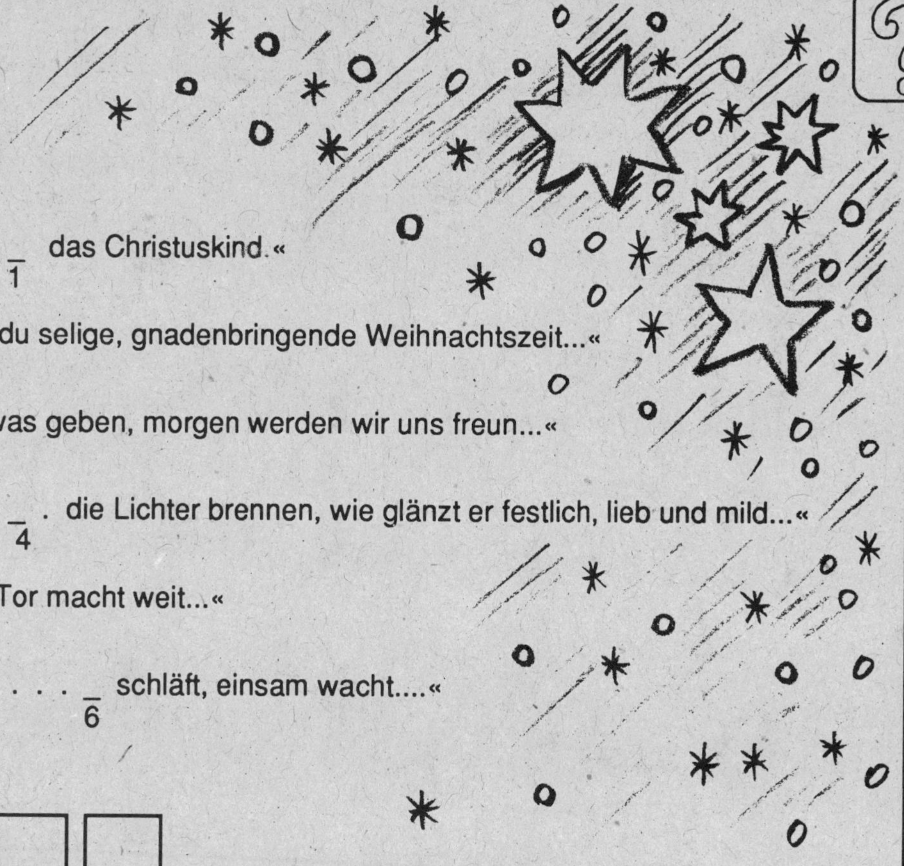

»Alle Jahre wieder - . . . . _1 das Christuskind.«

»O, du . . . _2 . . . . . . , o du selige, gnadenbringende Weihnachtszeit...«

» . _3 . . . . , Kinder wird's was geben, morgen werden wir uns freun...«

»Am . . . . _4 . die Lichter brennen, wie glänzt er festlich, lieb und mild...«

» . _5 . . . hoch die Tür, die Tor macht weit...«

»Stille Nacht, heilige Nacht! . . . . _6 schläft, einsam wacht....«

Lösung

1	2	3	4	5	6

Wenn ihr schon ein bißchen größer seid, versucht doch einmal selbst, euch ein ähnliches Quiz auszudenken. Es ist gar nicht so schwierig.

II. Kapitel

Silvester/Neujahr/ Dreikönigsfest/Epiphanis

Silvester

Woher Silvester seinen Namen hat.

Silvester ist der letzte Tag des Kalenderjahres, der 31. Dezember.
Silvester hat seinen Namen von dem Papst Silvester, der von 314 - 355 n. Ch. lebte.
Zu dieser Zeit hatte der Kaiser Konstantin die Christen, die vorher verfolgt wurden, unter den Schutz des Staates gestellt.

Das Feuerwerk zu Silvester hat einen alten, vorchristlichen Ursprung. Der Lärm soll die bösen Geister vertreiben.
Heute wird es wohl eher als fröhliche Begrüßung des Neuen Jahres gesehen. Seit einiger Zeit machen sich aber immer mehr Menschen Gedanken darüber, ob man das Geld, das an Silvester »in die Luft geschossen« wird, nicht sinnvoller verwenden kann, z. B. als Spende für notleidende Menschen.

Gespräche über das vergangene Jahr

Heute Abend sitzen wir alle gemütlich zusammen, Mama, Papa, Lisa und ich. Wir Kinder freuen uns riesig, daß wir heute so lange aufbleiben dürfen.

Um Mitternacht wollen wir das neue Jahr begrüßen. Doch jetzt dreht sich unser Gespräch erst einmal um das alte Jahr. Wir tragen zusammen, was alles in diesem Jahr geschehen ist.

Schöne Urlaubserlebnisse, lustige Feiern, Geburtstagsfeste, Ausflüge fallen uns ein.

Aber auch nicht so schöne Sachen gibt es da, Mama war eine Woche im Krankenhaus und im vergangenen Sommer ist mein allerbester Freund in eine andere Stadt gezogen.

Jeder darf erzählen, was für ihn im vergangenem Jahr besonders schön und was für ihn schlimm war.

Da bringt Mama eine kleine Schachtel, das ist unser »Andenkenkästchen«. Da kommt alles hinein, was wir uns gerne aufheben möchten. Und ab und zu und Silvester ist so ein Tag, schauen wir uns unsere »Schätze« an.

Und was nicht alles zum Vorschein kommt. Kinokarten, von dem Superfilm, den wir gesehen haben, Würfelzucker von dem netten Café im Urlaub, eine besonders schöne Karte, eine Vogelfeder, die ich bei einem Waldspaziergang gefunden habe, Tischkarten von der Hochzeit, auf der wir eingeladen waren, und vieles, vieles mehr....

Wie war denn euer vergangenes Jahr? Sammelt ihr auch Andenken zum Drandenken? Bei dem vielen Erzählen ist es ganz schön spät geworden. Jetzt wollen wir Spiele machen.

Kreuzworträtsel

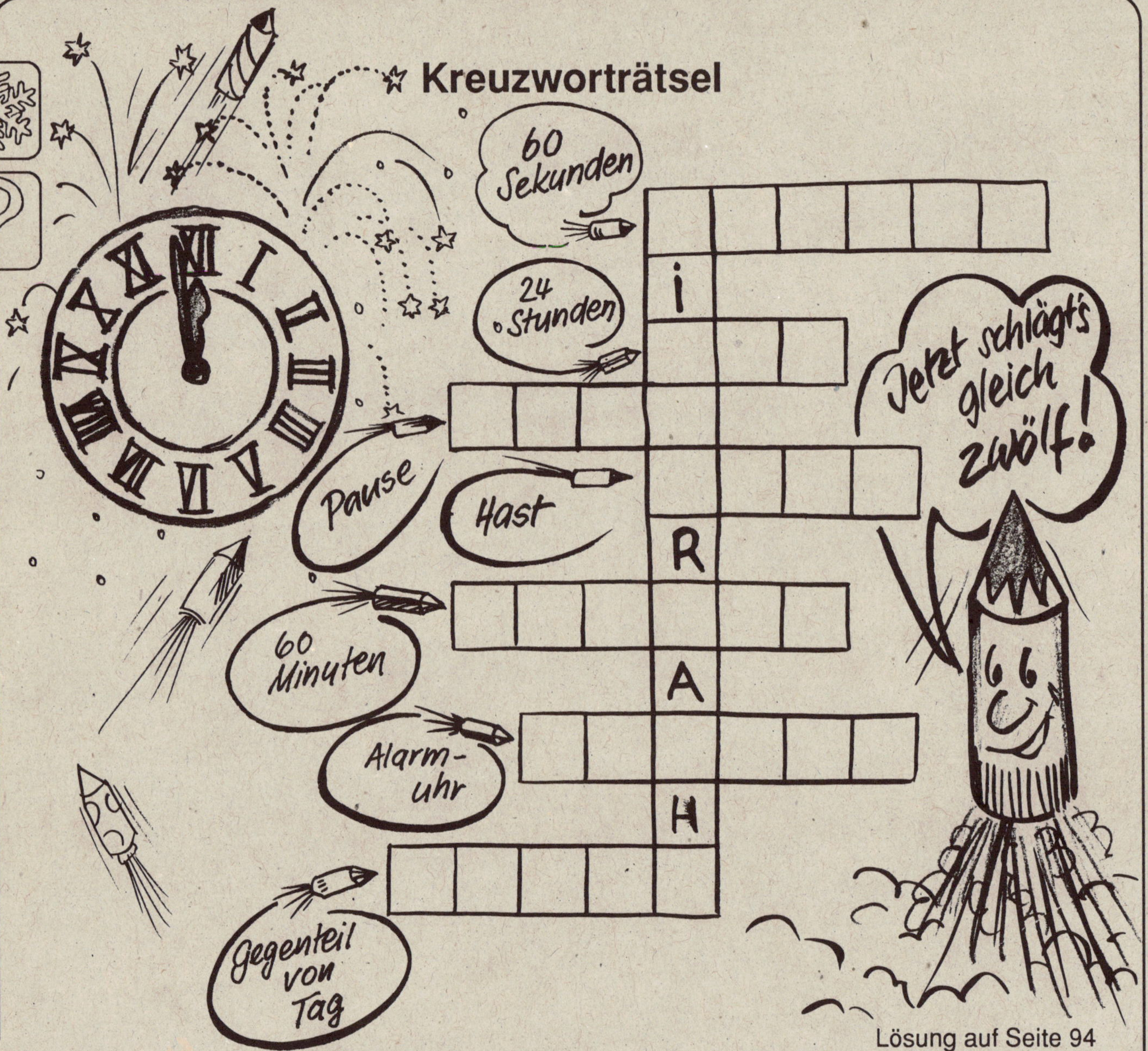

Lösung auf Seite 94

Spiele rund um die Zeit

Wörter sammeln

Sucht gemeinsam möglichst viele Worte, in denen das Wort »Zeit« zu finden ist, z.B. Zeitschrift, Freizeit....

Schnellrederunde

Ihr braucht: -eine Stoppuhr oder eine andere Uhr mit Sekundenzeiger. Wie oft schafft ihr es in einer Minute die Vornamen aller Familienmitglieder der Reihe nach aufzusagen.

Die ruhige Minute

Ihr braucht

- eine Stoppuhr oder eine andere Uhr mit Sekundenzeiger.

Einer hält die Uhr so in der Hand, daß sie die anderen Spieler nicht sehen können. Wenn eine neue Minute beginnt gibt er ein Startzeichen.
Alle werden jetzt ganz ruhig und schätzen wie lange eine Minute dauert. Wenn ein Spieler meint, die Minute wäre um, hebt er leise die Hand. Der Zeitstopper beobachtet seine Uhr und sagt zum Schluß wer am besten geschätzt hat.
Kam die ruhige Minute lang vor?
Unterhaltet euch darüber: Wann vergeht die Zeit für dich schnell?
Wann vergeht sie langsam?
Beim Spielen, in der Schule, im Verkehrsstau, beim Sport, beim Fernsehen, beim Telefonieren, beim Warten....

Das Feuerwerk

Ihr braucht

- DIN A 3 Zeichenpapier
- Wachsmalkreiden
- 1 Wachskratzer
  (Liegt den Wachsmalkreiden bei)
- Phantasie

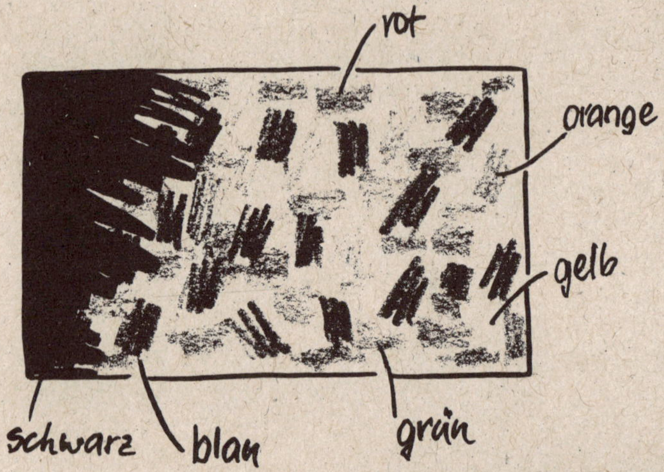

Malt auf das Zeichenpapier bunte Flecken auf. Verwendet dabei besonders alle Farben außer braun, weiß, und schwarz.
Die Flecken sollen ca. 2cm lang und breit sein. Achtet darauf, daß die Farbe (das Wachs) dick aufgetragen ist.
Wenn ihr mit der Grundierung fertig seid, braucht ihr schwarze Wachsmalkreide. Mit ihr übermalt ihr das ganze Bild solange, bis kein bunter Fleck mehr zu sehen ist und alles pechschwarz ist.
Jetzt nehmt den Wachskratzer und kratzt damit Kometen, Sterne, Raketenstrahlen und Sonnenkreisel ein. Du mußt dabei so fest aufdrücken, daß die schwarze Farbe weggekratzt wird und der bunte Untergrund zu Tage tritt.

Es entsteht dann ein farbenfrohes Feuerwerksbild. Viel Spaß!

Sterne
Sonnen-
kreisel
Raketen-
Strahlen
Kometen

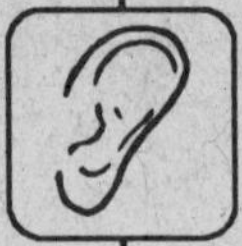

Neujahr

Heute ist der 1. Januar. Heute ist der erste Tag im neuen Jahr. Zugegeben, bin ich noch ein bißchen müde von gestern Abend.

Mama macht gerade den alten Jahreskalender, den sie an die Küchentür geklebt hat, ab. Sie hat sich schon einen neuen Kalender gekauft. Er gefällt mir, es sind viele lustige Tiere darauf. Ansonsten ist er noch ganz leer und unbenutzt.

Mittlerweile sitzen wir alle, Papa, Mama, Lisa und ich am Eßzimmertisch. In der Mitte liegt der neue Kalender.

»Zuerst will ich die Geburtstage übertragen,« sagt Mama »seht ihr in drei Tagen hat schon Tante Hanna Geburtstag. Ich will ihr gleich heute Nachmittag einen Geburtstagsbrief schreiben«.

»Und ich habe erst im Sommer Geburtstag,« mault Lisa. »Da muß ich noch soooooo lange warten.«

»Dafür kann man im August die allerschönsten Kindergeburtstage im Garten feiern, nicht wahr, Lisa?« tröstet Papa.

»Wann sind eigentlich die Ferien in diesem Jahr? Die Tage möchte ich gleich mit einem Buntstift anmalen« erkundige ich mich.

Papa lacht:« Das kann ich gut verstehen«. »Und hier am 6. Juni sind wir bei Annette und Willi zur Hochzeit eingeladen,« Mama notiert es auf dem Kalender.

»Bekomme ich dann auch ein neues Kleid?,« möchte Lisa wissen.

»Nächsten Donnerstag habe ich einen Termin beim Zahnarzt«, meint Papa ernst, »eigentlich hätte ich wohl schon im letzten Jahr hingehen sollen.« Wir lachen.

Nach und nach füllt sich unser Familienkalender. Zuletzt kleben wir ihn wieder an die Küchentür.

Dreikönigstag / Epiphania 6. Januar

Epiphanias bedeutet »Erscheinungsfest des Herrn.« Es war der alte Weihnachtstermin, und ist es heute noch in der Ostkirche.
Jesus »erscheint« auch den Ausländern, er ist für alle Menschen da. Diese Ausländer sind die Weisen oder Sterndeuter aus dem Morgenland, die einem besonderem Stern folgen, Jesus in der Krippe finden und ihn beschenken.
Im Laufe der Zeit wurden im Volksgut daraus die »3 Könige«, Caspar, Melchior und Balthasar.
Nachlesen könnt ihr die Geschichte in der Bibel. Im Matthäusevangelium, im 2. Kapitel, Verse 1-12

Gerade hat es an der Haustür geläutet. Lisa ruft:« Mama, Papa, Felix kommt ganz schnell die 3 Könige sind da.«

Und wirklich, vor der Tür stehen drei Jungen, sie haben sich als Könige verkleidet. Einer hat sein Gesicht ganz schwarz angemalt. Sie tragen einen Stern bei sich. Als auch Mama und Papa an die Tür kommen, fangen sie an, ein Gedicht aufzusagen.

Es handelt davon, daß sie weit gereist sind und immer dem Stern nachgefolgt sind. Bis sie in Bethlehem das Kind Jesus in der Krippe gefunden haben und es anbeteten. Voll Freude kehren sie in ihre Heimat zurück. Als sie geendet haben malt ein König die neue Jahreszahl und die Abkürzungen ihrer Namen mit Kreide an die Haustür.

Mama gibt den Königen Geld. Sie bedanken sich und gehen zum nächsten Haus weiter. »Das war aber schön,« sagt Lisa, »wasbedeutet denn C M B, Mama?«

»Ist doch klar, Schwesterchen«, falle ich ihr ins Wort, das sind die ersten Buchstaben ihrer Namen, C für Caspar, M für Melchior und B für Balthasar.«

»Ja das stimmt, Felix«, bestätigt Mama, »aber viel sinnvoller ist die Abkürzung eines lateinischen Satzes. **C**hristus **M**ansionem **B**enedikat, das heißt: Christus segne dieses Haus.«

»Und warum hast du ihnen eigentlich Geld gegeben, Könige sollten doch eigentlich reich genug sein?« will ich nun wissen.

»Sie wollen das Geld ja nicht für sich«, antwortet Mama, »es stand schon in der Gemeindezeitung, daß sie für arme Kinder in Hungergebieten sammeln.«

»Das finde ich aber gut. Und sie haben bestimmt auch selbst eine Menge Spaß dabei«, meint Lisa. »Fragt doch mal meinen Vater, eueren Opa danach, »sagt Papa,« er erzählt euch bestimmt gerne von seinen »Heischegängen« als Kind.

Früher war es bei verschiedenen Festtagen üblich, daß die Kinder von Haus zu Haus zogen und um Süßigkeiten, Gebäck, Äpfel, Eier oder Geld baten. Damals waren die Kinder hier auch noch recht arm und sie haben sich riesig über die Leckereien gefreut. Heute wird dieser Brauch nur noch in einigen Gegenden Deutschlands gepflegt und meist auch nur auf dem Land.«

Irgendwie finde ich es lustig, mir vorzustellen, daß Opa auch mal ein Kind war. Ich muß ihn unbedingt einmal fragen, wie das früher war.

Fensterbild mit den drei »Königen«

Ihr braucht

- Weißen Tonkarton
- Reste von gelben oder goldenem Papier
- kleine Schere oder Papiermesser- Stifte

Anleitung

Übertragt die Umrisse mit Hilfe von Butterbrotpapier auf den weißen Tonkarton (Originalgröße Seite 44).
Jetzt wird ausgeschnitten. Der innere Teil ist etwas schwieriger. Da können die Großen ein wenig helfen.
Aus dem gelben/goldenem Papier schneidet ihr den Stern aus und klebt ihn auf den oberen Rand. Gemeinsam könnt ihr die drei »Könige« bunt anmalen.
Wenn ihr auch die Rückseite anmalt, sieht es am Fenster von beiden Seiten schön aus.
Wenn es euch Spaß macht könnt ihr auch mit Goldpapier oder alten Stoffresten die Könige noch verzieren.

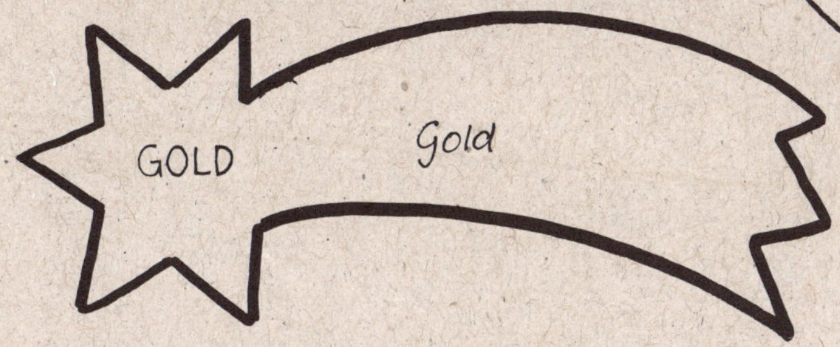

III: Kapitel

Fastenzeit / Palmsonntag / Ostern

Von Aschermittwoch bis Ostern
– die Fastenzeit

Aschermittwoch hat seinen Namen von dem Aschenkreuz, das in der Katholischen Kirche dem Gottesdienstbesucher an diesem Tag auf die Stirn gemacht wird.
Asche ein Zeichen der Vergänglichkeit. Asche auf den Feldern macht den Boden fruchtbar. Aus Asche wurde früher Seife hergestellt – Asche reinigt.
Die Fastenzeit dauert 40 Tage. Die Sonntage als Freudentage werden dabei nicht mitgezählt.

Warum soll ich verzichten?

Heute hatten wir viel Besuch. Die Erwachsenen haben sich dann lange über das Thema »Fasten« und »Verzichten »unterhalten.

Ich habe von der Diskussion nicht alles verstanden, vieles schwirrt jetzt noch in meinem Kopf herum.

Heute Abend werde ich mich noch einmal mit Mama und Papa in aller Ruhe darüber unterhalten.

»Da mache ich mir keine Gedanken, das ist für mich eine Zeit wie jede andere.«

»In dieser Zeit finde ich es besonders wichtig mich um Menschen in Not zu kümmern.«

»In der Fastenzeit verzichte ich bewußt auf Dinge, die mir wertvoll sind. Dadurch kann ich Jesu Weg ans Kreuz besser nachempfinden und verstehen.«

»Fasten ist gesund« »Ich überlege mir jedes Jahr, auf was ich in dieser Zeit verzichten will, z. B. auf Süßigkeiten oder auf Fleischgerichte. Dadurch lerne ich es doch erst wieder richtig schätzen und genießen.«

»Ich nehme mir nichts vor, denn ich schaffe ja dann doch nicht es durchzuhalten«.

Wie erlebt ihr in der Familie die Fastenzeit?

Palmsonntag

Jesu Einzug in Jerusalem auf einem Esel. Die Menschen feiern ihn als König und legen ihm als Symbol der Königswürde Kleider und Palmzweige auf den Weg.

Palmkätzchen, Esel und große Freude

»Frühstück ist fertig!« ruft Mutter. Sie hat den Tisch wie an jedem Sonntag besonders schön gedeckt. In der Luft hängt der vertraute Geruch von frischem Kaffee und geröstetem Brot. Angelockt von den guten Düften füllt sich der Frühstückstisch schnell.

Vater reibt sich behaglich die Hände, Lisa und Felix sitzen mit kleinen Augen da. Auf einmal verändert sich Lisas Gesichtsausdruck und sie schaut überrascht auf die Vase in der Tischmitte.

»Nanu, heute haben wir ja einen besonderen Blumenstrauß!« bemerkt sie.

»Du merkst auch alles, Schwesterchen« antworte ich frech, »allerdings handelt es sich hier nicht um Blumen, sondern um Palmkätzchen!«

»Dann weißt du ja bestimmt, was heute für ein Tag ist, Felix!« Vater blickt seinen Sohn fragend an.

»Äh, Palmzweige bedeutet, hm«. Ich weiß nicht weiter. »Sie erinnern uns an den Einzug Jesu in Jerusalem« weiß Lisa. »Genau, weil wir das heute am Palmsonntag feiern, haben Mutter und ich die Vase mit den Palmzweigen auf den Tisch gestellt.«

Nach dem Tischgebet und nachdem der erste Kaffeedurst gestillt ist, fährt Vater fort: »Wißt ihr eigentlich auch, was damals genau passiert ist?« Lisa beginnt zu erzählen:

»Kurz vor dem letzten Abendmahl reitet Jesus auf einem Esel in die Stadt Jerusalem hinein. Viele Menschen ziehen mit ihm ein und umringen ihn.

Plötzlich geschieht etwas, was noch niemand gehört hat. Die Leute singen und rufen:

«Jesus soll unser König sein. Hosianna, gelobt sei der da kommt im Namen des Herrn!«

Immer mehr Menschen kommen dazu. Sie breiten ihre Kleider und Palmzweige auf dem Weg aus und stimmen laut in den Gesang mit ein. Sie ehren Jesus wie einen König.« »Ein schöner König ist das- ohne Krone und auf einem Esel« werfe ich ein.

»Stimmt,« sagt Mutter, »Er hat keine Diener, sondern dient anderen.

Denkt an die vielen Kranken, die er geheilt hat.«

»Sie setzen eben ihre ganze Hoffnung auf Jesus. Bestimmt dachten sie auch, daß er die Römer aus dem Land vertreibt und ein mächtiger König wird«, bemerkt Vater.

»Und ein paar Tage später nageln sie ihn dann ans Kreuz! So schnell ändern Leute ihre Meinung!« setzte ich fort.

»Aber warum legen die Leute eigentlich Palmzweige auf den Weg?«

»Palmen waren früher heilige Bäume, Palmzweige galten als Siegerzeichen, als Symbol für Könige« antwortet Vater.

»Und weil es bei uns keine echten Palmen gibt, nehmen wir Palmkätzchen her, stimmts?« fragt Lisa.

»Genau, und sie sollen uns an den Einzug Jesu in Jerusalem erinnern und außerdem zeigen, daß Jesus wirklich König und Sieger ist. Nicht so prunkvoll, wie die Menschen ihn sich vorstellen, sondern als derjenige der durch die Auferstehung den Tod besiegt hat.«

»So habe ich den Palmsonntag noch nicht gesehen«, erkennt Lisa und blickt nachdenklich auf die Vase mit den Palmkätzchen.

Karwoche und Ostern

Die Karwoche umfaßt den Zeitraum von Palmsonntag bis Karsamstag. Sie bedeutet Klage- oder Trauerwoche und hat am Karfreitag ihren Höhepunkt.

Gründonnerstag

Jesus feiert mit seinen Jüngern das letzte Abendmahl. Im Garten Gethsemane ringt Jesus um Gehorsam seinem Vater gegenüber. Aber er führt den Heilsplan Gottes zu Ende. In derselben Nacht erfolgt seine Gefangennahme.

Judas verrät ihn durch einen Kuß und derselbe Petrus, der seinen Herrn zuerst heroisch verteidigt, ist es, der Jesus aus Angst um sich selbst verrät bevor der Hahn dreimal gekräht hat.

Jesus wird auf Drängen der Juden von Pontius Pilatus zum Tode am Kreuz verurteilt. Im Mittelalter durften die aus der Gemeinde ausgeschlossenen, öffentlich Büßenden erstmals seit Aschermittwoch wieder an der christlichen Gemeinschaft teilhaben.

Gemeinsam konnte die Gemeinde des Leidens und Sterbens Jesu gedenken.

Karfreitag

Jesus stirbt am Kreuz. Der Todestag Jesu ist geprägt durch Trauer, Stille und Besinnung. Der Kreuzestod gilt als grausam und wurde deshalb nur bei Schwerverbrechern durchgeführt.

Jesus, der Sohn Gottes, stirbt wie ein Verbrecher am Kreuz, um uns Menschen von unserer Schuld zu erlösen. Für die evangelischen Christen ist der Karfreitag der höchste Feiertag des Kirchenjahres.

Karsamstag

Karsamstag ist der Tag des Schweigens. An ihm finden keine Gottesdienste statt. An diesem Tag bereiten sich die Christen innerlich auf das Osterfest vor.

Ostersonntag

Ostern: Jesus lebt! Der Gekreuzigte ist von den Toten auferstanden. Er sprengt damit alle räumlichen und zeitlichen Dimensionen. Die Auferstehungsbotschaft steht im Mittelpunkt des christlichen Glaubens, das Osterfest ist daher der Mittelpunkt des Kirchenjahres.

Weißer Sonntag

Der weiße Sonntag ist der Sonntag nach Ostern.

In der frühen Kirche trugen die an Ostern Getauften weiße Gewänder. Sie behielten diese bis zum Sonntag nach Ostern. Weiß ist die Farbe der Unschuld und Reinheit.

Jesus lebt!

»Ich habe noch eins gefunden!«, ruft Lisa und hält überglücklich ein rotes Osterei hoch.

Papa, Mama, Lisa und ich sind gerade im Garten beim Ostereiersuchen. Das heißt eigentlich suchen nur Lisa und ich, denn Mama und Papa haben sie ja versteckt.

An den Osterhasen glaube ich schon lange nicht mehr und auch Lisa erwischte Papa heute früh beim Eierverstecken.

Zuerst war sie enttäuscht, daß es keinen echten Osterhasen gibt, aber dann fand sie es ganz lustig, wie Papa sich wie ein Indianer durch Gras und Büsche schlich und ab und zu ein Ei fallen ließ.

Inzwischen haben wir den ganzen Garten auf den Kopf gestellt und auch fast alle Eier gefunden.

Stolz tragen wir unsere Nester ins Haus. »Ich glaube, es fehlt noch was«, meint Mama und guckt dabei ganz geheimnisvoll.

»Ja, das allerwichtigste habt ihr übersehen!«, stimmt Papa zu.

»Schaut doch mal, in der Nähe der Terrasse nach!«

Wir machen uns gespannt auf die Suche und nach kurzer Zeit entdecke ich in der Ecke zwei Kerzen. »Ach, Kerzen! Und ich dachte wir kriegen vielleicht noch ein Spiel!«, rufe ich enttäuscht.

»Ein Spiel können wir auch noch machen«, meint Papa, zündet die Kerzen an und trägt sie vorsichtig ins Wohnzimmer. Dort stellt er sie auf den Tisch und setzt sich behaglich auf das Sofa.

Jetzt sitzen wir alle um die Kerzen und schauen in den Schein. »Es sind keine gewöhnlichen Kerzen. Schaut sie euch doch mal genau an!«, fordert uns Papa auf.

»Ich sehe auf der Kerze ein rotes Kreuz«, bemerkt Lisa und ich füge hinzu:

«So eine Kerze habe ich schon mal in der Kirche gesehen. Der Pfarrer zündet sie vor dem Gottesdienst immer an.«

Papa erklärt uns:

»Das ist eine Osterkerze. Sie wird an Ostern entzündet und begleitet uns durch das ganze Kirchenjahr. Obwohl sie so einfach aussieht, sagt sie ganz viel aus.«

»Papa, erzähl!« drängelt Lisa.

»Das rote Kreuz auf der Kerze erinnert uns, daß Jesus am Kreuz wie ein Verbrecher gestorben ist, obwohl er unschuldig war.«

»Warum haben sie ihn dann getötet?« will ich wissen.

»Er behauptete, daß er Gottes Sohn ist. Das war nach Meinung der Hohepriester Gotteslästerung.«

»Aber, das stimmt doch. Jesus ist doch Gottes Sohn. Die Leute haben ihm doch zugejubelt, als er auf einem Esel in Jerusalem einzog!« werfe ich ein.

»Stimmt! Die gleichen Leute, die ihm kurz vorher zugejubelt hatten, verspotteten Jesus jetzt und forderten seinen Tod. Sie haben fest damit gerechnet, daß Jesus ein richtiger König mit Krone und Macht wird und die Römer aus dem Land vertreibt. Doch genau das wollte Jesus nie. Er wollte die Herzen der Menschen erreichen. Er heilte viele Menschen und erzählte in vielen Wundern und Bildern von Gottes Liebe zu uns. Seine Liebe ging soweit, daß er sogar den Tod am Kreuz auf sich nahm.«

Lisa ist den Tränen nahe. Sie kann sich gar nicht vorstellen, wie die Menschen so etwas tun können.

»Was geschah dann?« will ich weiter wissen. »Nachdem Jesus gestorben war, wurde er in einem Felsengrab beigesetzt. Die Jünger hatten sich aus Angst eingeschlossen. Sie wußten nicht, was sie ohne ihren Herrn tun sollten. Waren alle Jahre der Nachfolge umsonst gewesen? War Jesus doch nicht der Messias, der Sohn Gottes? Da geschah etwas Wunderbares:

Am dritten Tag nach Jesu Tod am Kreuz wollte Maria zum Grab Jesu gehen. Doch was entdeckte sie? Das Grab ist leer!

Ein Engel erzählte ihr, daß Jesus nicht mehr tot ist. Er lebt, weil Gott ihn lebendig gemacht hat. Etwas später zeigte sich Jesus seinen Jüngern und beim Brotbrechen erkannten sie ihn. Das war eine Freude, daß Jesus nicht mehr tot ist, sondern lebt!

Und weil der Tod keine Macht mehr hat, zünden wir die Osterkerze an. Wo vorher Dunkelheit, Trauer und Angst waren, sind jetzt Licht, Freude und Mut.«

Ich erinnere mich plötzlich daran, daß Jesus den toten Lazarus wieder lebendig gemacht hat und den Jungen aus Nain. Und, daß sich Jesus dem ungläubigen Thomas gezeigt hat und seine Hände in die Wunden legte, um ihm seine Zweifel zu nehmen.

Still danke ich Gott dafür, daß Jesus lebt.

Ostersymbole

Der Hase

Symbol für Fruchtbarkeit, da er mehrmals im Jahr viele Junge bekommen kann. Symbol für Wachsamkeit. Er hat große Ohren und schläft sogar mit offenen Augen. Wie der Hase zum »Eierlegen« kommt, ist nicht genau bekannt.

Das Lamm

Symbol für das Leiden und Sterben Christi.

Das Ei

Symbol des Lebens und der Auferstehung Jesu. Von außen gleicht das Ei einem Stein. Doch im Ei entsteht Leben.
Das Kücken sprengt die Eierschale. Das erinnert uns daran, daß Jesus aus dem Grab gestiegen ist und den Tod besiegt hat. Früher mußten die Bauern ihrem Lehnsherrn Abgaben zahlen. Da es im Frühling noch keine Feldernte gab, zahlte man mit Eiern. Erst später wurde das Ei zum Geschenk. (Schokoei).

Henne mit Kücken

Symbol der Freude über neues Leben und der Freundschaft Gottes. Im Alten Testament vergleicht sich Gott mit einer Glucke. So wie eine Henne ihre Kücken unter ihren Flügeln beschützt, so will Gott seine Kinder behüten.

Ostermobile

»Felix komm doch mal her und halte mir bitte die beiden Stäbchen fest«, ruft Mama.
»Was soll denn das werden?«, will ich wissen.
»Ein neues Ostermobile« antwortet Mama, »schau am Tisch liegt buntes Papier, wenn du willst können wir gemeinsam ein neues Mobile basteln«.
Ich hole noch schnell Lisa und Papa und dann geht es los.

Ihr braucht

- Tonkarton
- Schere und Stifte
- Faden, Nadel
- 2 Schaschlikstäbe (die Spitzen abbrechen!)
- einen Tropfen Klebstoff

Anleitung

Zunächst malt ihr vier etwa gleich große Ostermotive auf den bunten Tonkarton. Als Vorlage könnt ihr die Umrisse der Ostersymbole (Siehe Seite 52) nehmen und mit Butterbrotpapier auf den Tonkarton abpausen.
Jetzt werden sie ausgeschnitten, noch schön angemalt und verziert.
Nun heißt es Zusammenbauen. Einer hält die Schaschlikstäbe über Kreuz und ein anderer bindet sie so mit einem Faden zusammen. Hängt die Ostermotive an einen längeren Faden und befestigt diese an den Enden der Stäbchen.
Laßt aber noch ca 20 cm Faden überstehen. Vielleicht braucht ihr jetzt einen Tropfen Klebstoff um den Faden an dem Stäbchen besser zu befestigen. Die überstehenden Fäden knotet ihr so zusammen, daß das Mobile gerade hängt.

Biskuit - Spiegeleier

Süße »Eier« für das gemütliche Osterfrühstück oder für den Nachmittagskaffee.

Ihr braucht

- 8 Eier
- 4 Eßl. heißes Wasser
- 250 g Zucker
- 250 g Mehl
- 120g Speisestärke
- 2 Teel. Backpulver
- Backpapier für das Blech
- und außerdem:
- 2 Becher Sahne
- etwas Zucker und Zitronensaft
- eine Dose Aprikosen

Backanleitung

Die Eier schaumig rühren und das heiße Wasser dazugeben.
Jetzt kommt der Zucker dazu. Das Mehl, die Speisestärke und das Backpulver in einer Schüssel verrühren und dazugeben.
Das Backblech wird mit dem Backpapier ausgelegt. Den Teig in das Backblech gießen und gleichmäßig verteilen.
Der Biskuitteig wird auf 180° ca 20 Minuten gebacken. Den Biskuit etwas abkühlen lassen.
Dann werden mit einem großen Glas kleine »Törtchen« ausgestochen. Wenn ihr sehr geschickt seid, könnt ihr auch mit einem spitzen Messer Eiformen aus dem Biskuit schneiden.
Sahne schlagen und mit Zucker und Zitronensaft abschmecken.
Die Dose öffnen und die Aprikosen in einem Sieb abtropfen lassen. Die Sahne gebt ihr nun als «Eiweiß« auf den Biskuit.
(Laßt ein wenig Sahne übrig, damit schmekken die beim Ausstechen übriggebliebenen »Reste« auch noch besser.)
Als »Eigelb« dienen nun die Aprikosenhälften.
!!!Schmeckt auch lecker mit Rohrzucker und fein gemahlenem Vollkornmehl!!!(Speisestärke auch durch Vollkornmehl ersetzen).

Guten Appetit.

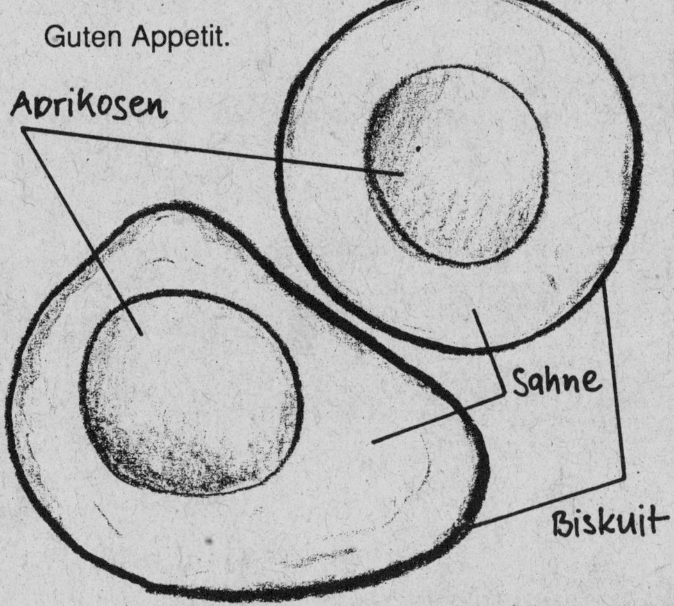

Ostersets

Ihr braucht

- Tonkarton Din A3, pro Familienmitglied
- Klebefolien (durchsichtig)
- Stifte
- buntes Papier, Osterprospekte...
- Schere und Kleber
- u.U. Geschenkpapier mit Ostermotiven

Anleitung

Jeder darf einen Tonkarton nach Belieben österlich gestalten.
Mama malt Osterglocken und ich einen Osterhasen, der gerade mit einem Hubschrauber in die nächste Stadt fliegt, um dort seine Eier zu verstecken.
Papa schneidet verschiedene Motive aus einem Osterprospekt aus und ordnet sie lustig auf seinem Set an.
Da wird Lisa ungeduldig. Nichts will ihr heute gelingen. Ungeduldig schmeißt sie den Karton auf den Fußboden.« Ich kann das nicht so gut wie ihr, dann will ich gar nichts mehr machen,« schluchzt Lisa enttäuscht.
Papa tröstet Lisa: »Komm sei nicht traurig, heb deinen Karton auf. Wir machen etwas zusammen, ja?«
Mama holt aus der Küche ein niedliches Ostergeschenkpapier.
»Na, wie wäre es denn damit, Lisa? Wollen wir mit diesen kleinen Osterhasen deinen Karton bekleben?«
»Die sind aber süß«, sagt Lisa und kann sogar schon wieder lächeln.
Wenn alle Sets fertig sind, wird die Klebefolie darüber gezogen. Helft zusammen, damit keine Falten entstehen.
Die Folie rundherum etwas größer zuschneiden. Die Ecken einschneiden und die überstehende Folie auf der Rückseite festkleben.

Familieneier für den Ostertisch

Ihr braucht

- 1 Ei für jeden (hartgekocht)
- bunten Tonkarton
- Klebestreifen
- Papier-, Stoff- und Wollreste jeder Art
- Schere und Kleber
- Stifte

Anleitung

Den Tonkarton auf 13,5 cm x 4 cm zuschneiden und mit Klebestreifen zu einem Ring kleben.(Am besten probiert ihr das genaue Maß mit eurem Ei aus.)

Setzt das Ei auf euren Ring.

Jeder schaut sich jetzt seinen rechten Tischnachbarn ganz genau an und versucht seinen »Eierkopf« dem Tischnachbarn ähnlich zu gestalten.

Auf diese Weise bastelt jeder ein Ei. Keine Angst, die Eiermännchen und -Weibchen sollen gar nicht perfekt werden, wir essen sie ja später sowieso auf.
Im Vordergrund steht der gemeinsame Spaß am Basteln. Hier ist die Grundform für die Arme.

In die Hände könnt ihr auch etwas typisches für euren Nachbarn kleben. Z.B. ein Stück Zeitung, Zahnstocher mit Wolle als Stricknadeln, Spielzeug aus einem Prospekt ausgeschnitten und . Wir wünschen euch viel Freude an euren Familieneiern.

Das besondere Osternest

Ihr braucht

- einen Teller oder eine flache Schale
- ein Küchenpapier
- Kressesamen
- Reste von Tonkarton
- Schere und Stifte

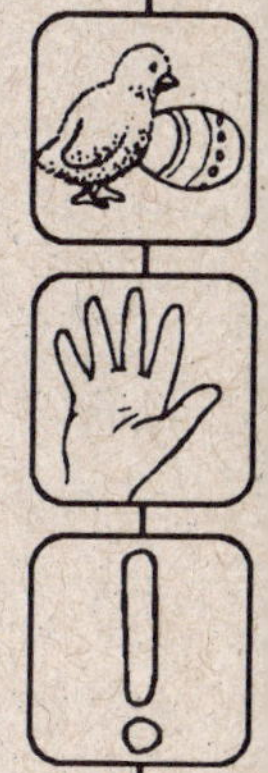

Die Kressesamen weicht ihr über Nacht in einer Tasse Wasser ein.
Am anderen Morgen legt ihr das Küchenpapier auf den Teller und befeuchtet es.
Darauf gebt ihr nun die Kressesamen. In den nächsten Tagen müßt ihr darauf achten, daß die Samen feucht gehalten werden.
Ist das Küchenpapier zu naß, schimmelt die Kresse, ist es zu trocken, vertrocknet sie.
Nach 4-5 Tagen ist es so weit. Ihr habt einen grünen Teller, ein richtiges kleines Nest.
Jetzt könnt ihr aus dem Tonkarton kleine Hasen, Küken oder Eier ausschneiden und sie in das Nest setzen. Was ihr sonst noch in das Nest legen wollt, bleibt eurer Phantasie überlassen.

Tip
Kresse kann man auch essen. Sie schmeckt gut auf einem Butterbrot oder in verschiedenen Salaten.

Osterserviettenhalter

Ihr braucht

- grünes Tonpapier
- Stifte
- Schere und Kleber
- passende Servietten

Bastelanleitung

Übertragt die Grundformen auf grünes Tonpapier und schneidet sie aus.
Jetzt könnt ihr die Teile mit kleinen Ostermotiven verzieren. Faltet das Oberteil an den gestrichelten Linien, klebt es zusammen und dann am Boden fest.

Wenn der Serviettenhalter getrocknet ist, biegt ihr die abgerundeten Teile vorsichtig nach außen.
Die Servietten sollen jetzt zu Blumen werden. Dazu legt ihr die Servietten auf den Tisch und nehmt sie in der Mitte auf.
Schüttelt die Servietten kräftig, dreht den Teil den ihr in der Hand haltet fest und biegt ihn ein wenig um.
Schon ist die Serviettenblume fertig. Mehrere »Blumen« steckt ihr nun in den Serviettenhalter und stellt ihn auf den Ostertisch.

BODEN

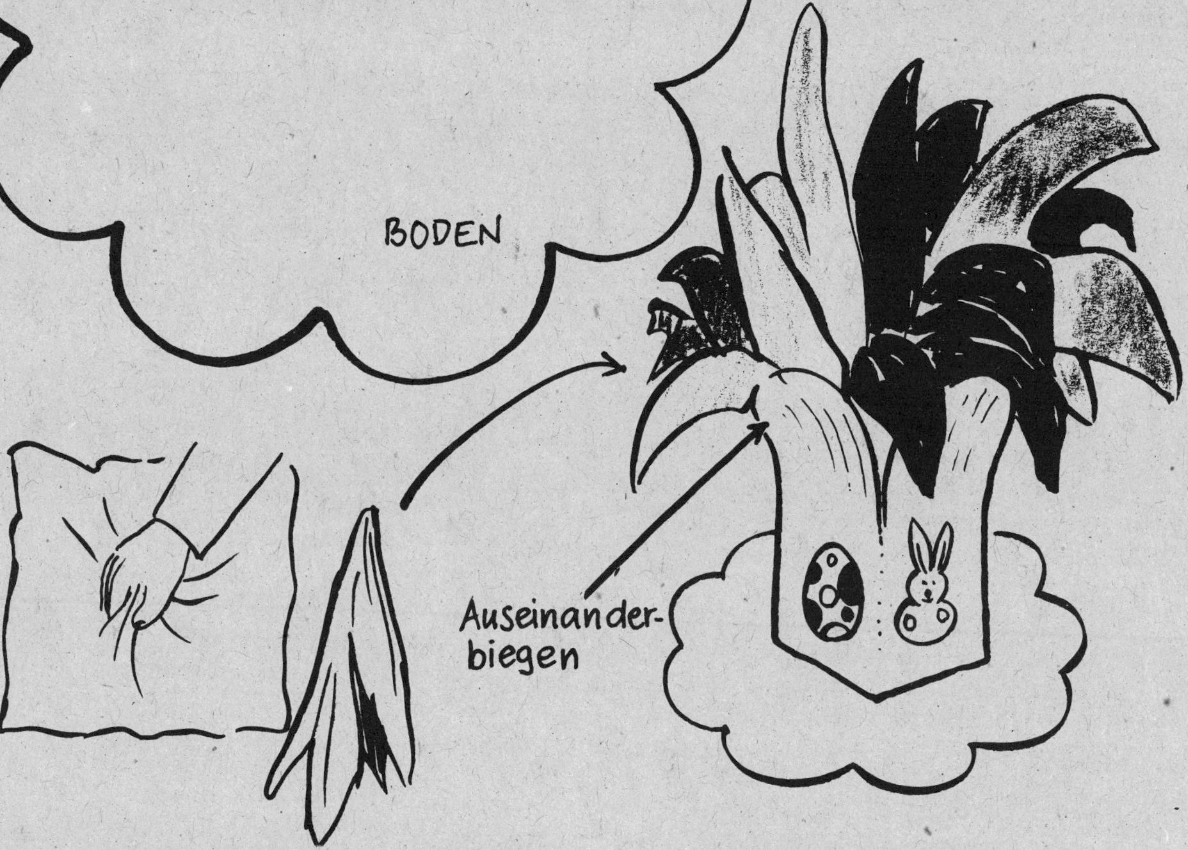
Auseinander-
biegen

Osterhas' spring ins Gras

Ihr braucht

- 4 Korken
- Reste von buntem Tonkarton
- ein scharfes Messer (vorsichtig)
- Schere und Filzstift
- Malkastenfarben
- 4 Eierschachteln

Bastelanleitung

Zunächst malt ihr die Eierschachteln mit Wasserfarben bunt an. Die Deckel malt ihr blau an. Bei den kleinen Bechern wechselt ihr mit den Farben braun, rot und grün ab.
Laßt die Schachteln trocknen und bastelt jetzt die Häschen.
Schneidet mit dem scharfen Messer einen kleinen Schlitz oben in den Korken. Hier steckt ihr die Ohren aus Tonkarton hinein. Jetzt fehlt dem Häschen nur noch ein fröhliches Gesicht, das ihr mit Filzstiften aufmalen könnt.

Spielanleitung

Jeder Spieler darf die 4 Häschen in die Eierschachteln werfen.
Die Farbe, in der das Häschen gelandet ist, gibt die Punktezahl an. Deswegen sind auch die Deckel blau, das bedeutet 1 Punkt, denn man trifft sie ja am leichtesten.
Die Punkte der Häschen werden zusammengezählt und wer die meisten Punkte hat ist Sieger.

!!!! Je jünger die Kinder desto näher dürfen sie an die Schachteln beim Werfen heran!!!

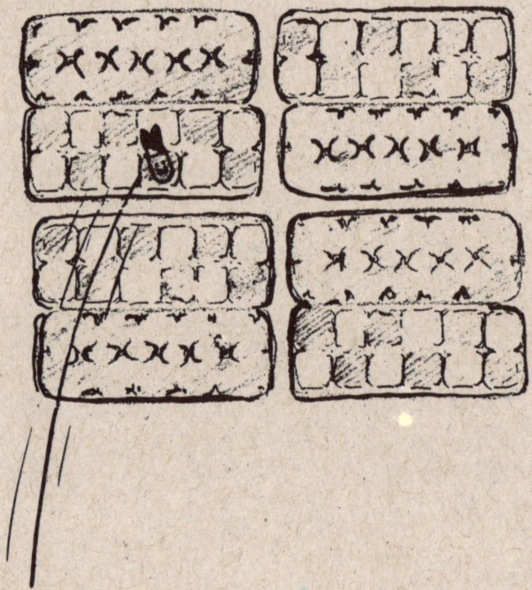

Wer findet was?

Lösung auf Seite 94

Das Osterkuvert

Ihr braucht dazu

- Briefkuvert (kann gebraucht sein, aber nicht zugeklebt)
- Papier mit Ostermotiven, z.B. Geschenkpapier, alte Kalenderblätter mit Frühlingsbildern, schöne Osterprospekte, ...
- Stifte, Schere und Kleber
- ein wenig weißes Papier

Anleitung

Die Klebestellen des Briefkuverts vorsichtig öffnen und auf das Papier legen. Mit einem Stift umfahren und ausschneiden. Jetzt faltet ihr das Papier wie euren Briefumschlag und klebt ihn zusammen.

Etwas weißes Papier klebt ihr dort auf, wo Absender und Adresse stehen soll.
Achtung: Wenn ihr dickes Papier nehmt, kann es sein, daß der Brief schwerer wird, überprüft das Porto.

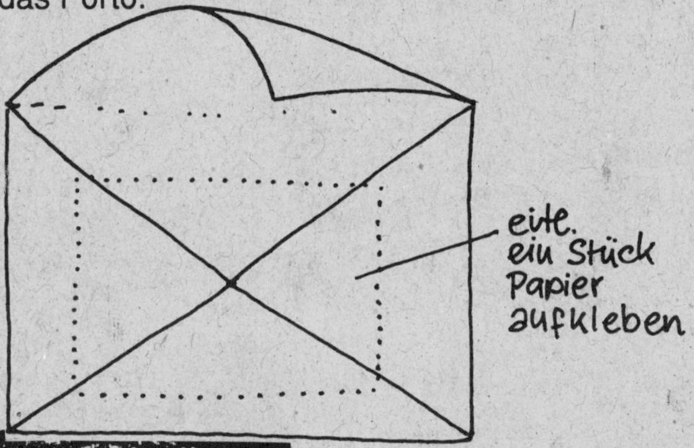

Das Osterhasenwürfelspiel

Heute Nachmittag haben wir ein lustiges Osterspiel gebastelt. Für jeden von uns einen niedlichen Osterhasen mit einem kleinen Körbchen am Rücken, gefüllt mit bunten Eiern. Diese müssen nun so schnell wie möglich in die Nester gelegt werden.
Habt ihr Lust bekommen mit zumachen?

Hier ist die Anleitung

Ihr braucht: Für das Spielbrett

- Pappe (ca 50 cm x 50 cm)
- Wachsmalkreiden oder dicke Filzstifte für die Osterhasen
- braunen Tonkarton
- bunte Papierreste
- Schere und Kleber
- 1 Würfel
- evtl. 10 Pf. Stück pro Spieler

Zunächst schneidet ihr für jeden eurer Familie einen Osterhasen aus braunem Tonkarton aus.
Knickt den unteren Teil bis zur gestrichelten Linie nach hinten. Damit der Hase besser steht, kannst du mit Klebestreifen auf dem Standbein ein 10 Pf.- Stück befestigen.
Für die Osterhasenkörbchen schneidet ihr aus bunten Papierresten Dreiecke aus. Faltet die Spitzen nach hinten und klebt diese am Rücken des Hasens fest.

Malt jetzt den Spielplan auf. Achtet auf die Vorlage, ihr könnt sie natürlich auch nach Belieben verändern und ausbauen. Zählt jetzt euere Nester. Für jedes Nest rechnet drei Eier, in drei verschiedenen Farben.
Bei uns sind es 8 Nester. Wir brauchen z.B. 8 gelbe, 8 grüne und 8 rote, also insgesamt 24 Eier.

Spielbeschreibung

Es wird reihum gewürfelt. Der Spieler mit der höchsten Würfelzahl beginnt.
Kommt ein Hase auf ein markiertes Feld neben einem Nest, darf er dort ein Ei ablegen. In jedes Nest dürfen aber nur 3 Eier, je eins von jeder Farbe.
Ist ein Nest voll, muß der Hase zum nächsten Nest weiterhoppeln. Kommt ein Häschen auf ein Feld, auf dem schon ein Artgenosse steht, darf er diesem ein Ei zustecken.
Gewonnen hat, wer zuerst alle Eier versteckt hat und ins Hasenhäuschen zurückgekehrt ist.

Weitere Spielideen

Markiert auf dem Spielplan doch Ereignisfelder und denkt euch lustige Sachen dazu aus. Z.B. Das Häschen ist vom vielen Eierverstekken müde geworden. Setze einmal aus. Oder: Weil du so fröhlich lächelst nimmt dir dein rechter Nachbar ein Ei ab.

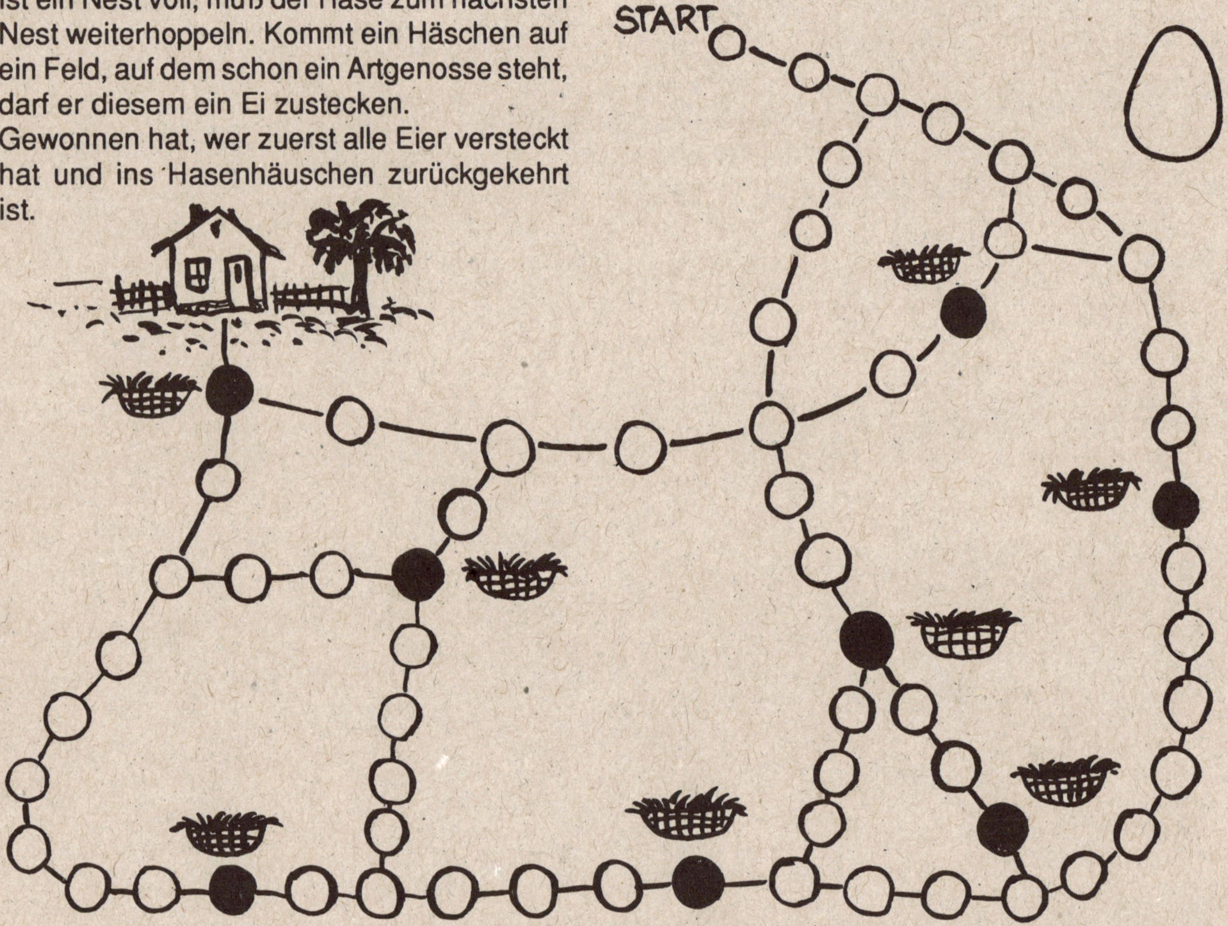

Felix bastelt Osterkarten

Wenn ihr mitmachen wollt,

braucht ihr

- eine bunte Doppelkarte (ihr könnt sie euch natürlich aus Tonpapier selbst zuschneiden. Eine alte Postkarte, die ihr zweimal nebeneinander mit dem Bleistift umfahrt, gibt euch die Kartengröße an.)
- Malkasten mit Deckweiß
- Filzstifte (evtl. Osteraufkleber)
- ein Palmkätzchen

Durchführung

Zuerst malt ihr mit brauner Farbe die Palmkätzchenzweige.
Jetzt mischt ihr das Deckweiß mit ein wenig schwarzer Farbe im Malkastendeckel, bis euch der Farbton gefällt. Achtet darauf, daß die Farbe nicht zu flüssig wird.
Gebt die Farbe mit dem Pinsel auf ein Palmkätzchen und druckt sie nun an den Zweigen entlang.
Seht euch nochmal einen Palmzweig an, wie die Kätzchen am Zweig angeordnet sind. Ist die Farbe trocken, könnt ihr euere Zweige noch schmücken.
Malt mit Filzstiften Eier, Häschen, Schmetterlinge, Kücken und Schleifen auf. Auch bunte Osteraufkleber sehen dabei nett aus.
Ich habe meine Karte schon geschrieben, in einen Umschlag gesteckt, adressiert und eine Briefmarke draufgeklebt. Meine Tante Ruthild wird sich sicher darüber freuen. Wem wollt ihr euere Karte schreiben? Ich gehe jetzt zur Post. Liebe Grüße, Euer Felix

Lisas Osterbilderrätsel

~~1~~ ~~2~~ D+ 3 4 ~~5~~

~~1~~ 2 3 4 ~~5~~

~~1~~ 2 3 f 4 5

1 2 3 ~~4~~ + R

1 2 ~~3~~ ~~4~~ ~~5~~ ~~6~~ 7 8 9 + EN

Lösung auf Seite 94

IV. Kapitel

Himmelfahrt / Pfingsten / Trinitatis / Dreifaltigkeitsfest

Christi Himmelfahrt

40 Tage nach Ostern feiern die Christen Jesu Rückkehr zu seinem Vater: Christi Himmelfahrt (nachzulesen in der Apostelgeschichte, 1. Kapitel Verse 4-11).
Mit Himmel ist nicht der sichtbare Himmel gemeint, sondern die unsichtbare Welt in einer neuen Dimension von Raum und Zeit. Gott vereinigt sich mit seinem Sohn.
Seinen Jüngern verheißt Jesus vorher den heiligen Geist.

Vatertag

Heute ist Vatertag und ich habe schulfrei. Nach dem Frühstück machen Papa, Lisa und ich eine Wanderung.

Den Freßkorb haben Lisa und ich vorbereitet. Wir haben Brote geschmiert und einen Tee gekocht und das ganz alleine.

Naja, Mama hat ein bißchen geholfen, aber es hat riesig Spaß gemacht. Papa hat heute frei. Er braucht heute gar nichts tun. Trotzdem trägt er den Rucksack. Er freut sich, einmal ganz alleine mit uns Kindern etwas Schönes zu unternehmen.

Wir wandern durch Wiesen und Wälder und Papa zeigt uns besonders schöne Blumen. Ein herrlicher Tag! Schließlich kommen wir zu unserem Wanderziel, einem kleinen See am Waldrand.

Man kann im Wasser alle Bäume sehen. Ich werfe kleine Kieselsteine in das Wasser und schon ist das Bild verwackelt. Papa läßt flache Steine auf dem Wasser springen und schafft es gleich fünfmal.

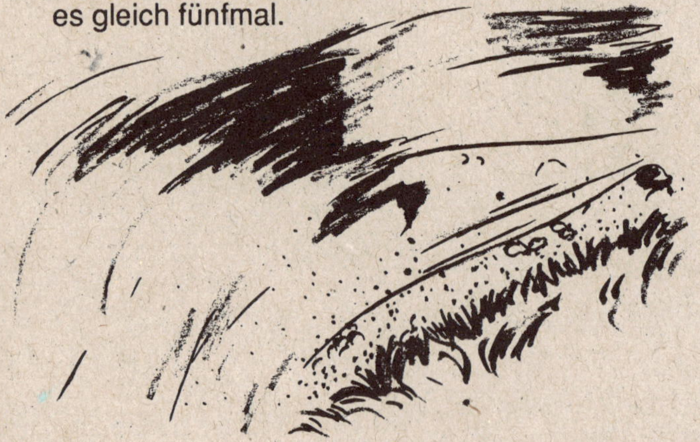

Lisa und ich probieren es auch gleich. Bei uns springen die Steine nicht so oft.

»Kommt hier machen wir Rast!« Papa breitet eine Decke aus und müde aber froh setzen wir uns hin.

»Mann, habe ich einen Hunger!«

»Kein Wunder, wo wir jetzt schon soweit gelaufen sind«, meint Papa lächelnd.

»Ich will lieber erst was zu trinken!«, ruft Lisa aufgeregt. Nachdem Hunger und Durst gestillt sind meint Papa:

»Nicht nur ich habe übrigens heute Vatertag.«

»Na klar, alle Väter feiern heute,« antworte ich gelangweilt. »Auch Gott hat heute Vatertag«, fährt Papa fort.

»Heute ist Christi Himmelfahrt. Da ist Jesus zu seinem Vater in den Himmel zurückgekehrt.«

»Wie hat er denn das gemacht? Konnte Jesus fliegen?«, fragt Lisa und ich will wissen, wie das damals genau war.

»Nachdem Jesus von den Toten auferstanden war, begegnete er vielen Menschen. Er wollte sie im Glauben stärken und er beauftragte sie, die frohe Botschaft von der Auferstehung allen Völkern auf der Welt weiterzusagen.

40 Tage nach seiner Auferstehung ruft er seine Jünger zu sich und geht mit ihnen auf den Ölberg. Das ist ein Berg bei Jerusalem, wo auch heute noch viele Olivenbäume wachsen.

Oben angekommen spricht Jesus mit seinen Jüngern. Sie sollen in Jerusalem bleiben, denn Gott wird ihnen den heiligen Geist senden. Er gibt ihnen Kraft, die frohe Botschaft weiter zu erzählen.

Die Jünger sollen Zeugen Jesu auf der ganzen Welt sein. Und dann stieg Jesu vor ihren Augen auf in den Himmel.

Eine Wolke nahm ihn auf und die Jünger konnten Jesus nun nicht mehr sehen. Er war zu Gott, seinem Vater zurückgekehrt. Und als die Jünger so verdutzt in den Himmel starrten, redeten zwei Männer in weißen Gewändern zu ihnen:

»Warum schaut ihr in den Himmel? Jesus wird wiederkommen wie ihr ihn in den Himmel fahren gesehen habt«. Da kehrten die Jünger nach Jerusalem zurück und blieben zusammen an einem Ort. Sie beteten und warteten auf den heiligen Geist, den Jesus ihnen verheißen hat.

»Eine spannende Geschichte!«, meint Lisa nachdem Vater zu Ende erzählt hat. »Da wäre ich gerne dabeigewesen!«seufze ich. »Das hätte ich gerne gesehen, wie Jesus in den Himmel fährt«!

Papa und Lisa stimmen mir zu. Am Himmel oben entdecke ich eine kleine Wolke und stelle mir vor, wie Jesus auf ihr zu seinem Vater zurückkehrt.

Pfingsten

Die Jünger empfangen eine von Gott ausgehende wunderbare Kraft: Den Heiligen Geist. Erste christliche Gemeinden werden gegründet. Man spricht daher vom »Geburtstag« der Kirche.

Die Pfingstkarte

»Die Post ist da!« ruft Lisa und hält sie triumphierend hoch. Post bekommen ist etwas Schönes. Wir freuen uns alle darüber.

»Ist etwas Besonderes dabei?« ruft Papa aus dem Wohnzimmer.

»Weiß ich nicht«, antwortet Lisa verlegen, »ich kann doch nicht lesen!«

»Zeig mal her!« rufe ich und sehe die Post durch.

»Laß mich auch reinschaun!« jammert Lisa und entdeckt eine besondere Postkarte von Oma.

»Oh, ist die schön!«, entfährt es ihr. Auf der Karte sehen wir ein wunderschönes, farbenfrohes Bild: Eine weiße Taube kommt vom Himmel herab auf die Erde. Wo sie hinkommt, wird die Welt farbig und lebendig. Wo sie noch nicht war bleibt sie grau und düster. Doch was hat die Taube auf dem Bild zu bedeuten?

»Papa, schau dir doch mal die Karte an!«

»Was ist denn an der so besonderes?«, fragt er mich.

»Na, schau dir doch mal das tolle Bild an!« erwidere ich ganz aufgeregt. Endlich mustert Papa die Karte.

»Ja, die ist wirklich schön.«

»Doch was hat die Taube auf dem Bild zu

bedeuten, die alles so bunt macht?« fragt Lisa.

»Die Taube ist Zeichen für den heiligen Geist«, erklärt Papa. »Ja, stimmt!«, rufe ich dazwischen, »das hatten wir in Religion. Den haben die Jünger doch an Pfingsten bekommen.«

»Genau!« bestätigt Papa, »deshalb schreibt Oma ja auch: Frohe Pfingsten wünsche ich Euch allen!«

»Aber was ist denn an Pfingsten genau passiert?« fragt Lisa neugierig.

»Die Bibel erzählt in der Geschichte der ersten Apostel, daß Jesus zu Gott zurückgegangen ist. Vorher hat er seinen Jüngern versprochen, daß sie Gottes Kraft empfangen werden. Da waren sie in Jerusalem beisammen und plötzlich passierte es: Der Himmel tat sich auf. Das Brausen eines Windes war zu hören und zu spüren. Feuer fiel vom Himmel. Gott schenkte den Jüngern seinen Geist, eine große Kraft, die auch Wunder bewirken kann.«

»Wunder? Etwa Zauberei?« frage ich neugierig.

»Nein, keine faulen Tricks.«, erwidert Papa. »Die Wunder sollen Gottes wunderbare Kraft zeigen. Das erste Wunder geschah auch gleich. Die Jünger konnten plötzlich Sprachen sprechen, die sie nie gelernt hatten.

Das war wichtig, um die frohe Botschaft von der Auferstehung Jesu allen Völkern auf der Erde zu erzählen. Die Jünger spürten plötzlich: Jesus ist uns ganz nahe. Die Kraft Gottes ist in uns.«

Während Papa noch weitererzählt, schaue ich mir das Bild genauer an und erkenne: Es stimmt! Überall, wo die Taube hinfliegt, wird die Welt neu, farbig und schön.

Tip: Willst du die Geschichte in der Bibel nachlesen? Sie steht im Neuen Testament in dem 2. Kapitel der Apostelgeschichte!

Briefpapier mit Taube

Ihr braucht

- ein kleines Stück feste Pappe
- Klebestreifen
- farbiges Papier
- Deckweiß aus dem Malkasten
- Pinsel und Wasserbecher

Anleitung

Übertragt die Taube mit Hilfe von Butterbrotpapier auf die Pappe und schneidet sie aus. Jetzt macht ihr aus einem Klebestreifen einen kleinen Griff, in dem ihr den Streifen zum Teil zusammenklebt.
Die beiden Enden klebt ihr an der Taube fest. Daran könnt ihr sie jetzt gut festhalten. Malt die Taube mit dem, mit Wasser angerührten Deckweiß an.
Jetzt könnt ihr mit der Taube auf das Briefpapier drucken und es schön verzieren.

Tip: Auf einem farbigem Briefkuvert sieht eine Taube auch besonders gut aus.

Jeder ist einmalig

oder die Fingerphantasiegeschichte

Stell dir vor: Es gibt auf der ganzen Welt keinen Menschen, der den gleichen Fingerabdruck hat wie du!

Ihr braucht

- Malkasten
- Becher mit Wasser
- altes feuchtes Tuch zum Finger abwischen
- Filz- oder Buntstifte
- Papier

Spielbeschreibung

Ein Familienmitglied beginnt, taucht seinen Finger ins Wasser und dann in eine Malkastenfarbe.
Jetzt kann er seinen Fingerabdruck auf das Papier machen. Mit ein paar Strichen wird daraus ein Männchen oder ein Tier.
Nur Mut, man braucht dazu wirklich keine »Künstlerische Begabung«. Jetzt ist Phantasie gefragt.

Sage einen Satz zu deinem Männchen, wie es heißt, oder was es gerade tut, warum es so glücklich, traurig, müde oder ... ausschaut.
Jetzt ist der Nächste an der Reihe. Eine Geschichte entsteht, und jeder gestaltet sie mit. Wollt ihr ein bißchen bei uns zuschauen?
Papa fängt an. »Das ist Oma Glücklich«, sagt er und schon wird mit ein paar Strichen aus dem Fingerabdruck eine alte Frau. Er malt ihr noch eine Tasche in die Hand:«sie ist gerade auf dem Weg zum Einkaufen«.
Jetzt ist Lisa an der Reihe. Sie setzt ihren Fingerabdruck Quer vor unsere Oma. Kopf, Schwanz und vier Beine machen daraus einen kleinen Hund. Oma Glücklich nimmt ihn an die Leine. »wau«, bellt Lisa »ich bin Bello, Omas Liebling. Und ich freue mich jetzt aufs Spazierengehen«.

Mama malt aus ihrem Fingerabdruck eine winkende Frau mit einer Schürze und dahinter ein Haus:
»Guten Morgen Oma Glück, schön, daß ich Sie einmal wieder treffe. Wollen Sie eben auf einen Kaffee hereinkommen?
Oh, Sie haben keine Zeit. Na dann besuchen Sie mich doch einmal nächste Woche. Auf Wiedersehen.«
Ich drucke meine Fingerkuppe mitten auf das Dach, daraus entsteht ein Vögelchen: »Guten Morgen allerseits. Schön, daß heute die Sonne scheint.«

Jetzt ist Papa wieder an der Reihe.
Ich bin gespannt wie die Geschichte weitergeht. Bestimmt habt ihr jetzt auch Lust bekommen auf eine Familienfingerphantasiegeschichte.
Viel Spaß dabei!

Pfingstbild

Pfingspuzzle

Paßt auf, daß ihr kein Puzzleteil verliert. Jedes Teil ist nötig, damit das Bild gut aussieht. Genauso ist es in der Gemeinde: Jeder ist wichtig, die Großen und die Kleinen.

Ihr braucht

- Kopie des Pfingstbildes
- Stifte
- stabile Pappe
- Kleber

Anleitung

Kopiert unser Pfingstbild und klebt es auf festes Papier oder Pappe. Natürlich könnt ihr auch selbst ein Pfingstbild entwerfen. Malt das Bild gemeinsam bunt an.

Je nachdem wie alt die Kinder in euerer Familie sind, schneidet ihr nun das Bild in wenige, große oder in viele kleine Teile und schon ist euer Puzzle fertig.

Talentschuppen I

Was tue ich gerne? Was kann ich gut? Jeder Mensch hat besondere Gaben und Fähigkeiten. Sprecht darüber, was ihr gerne tut, und was ihr gut könnt.

1
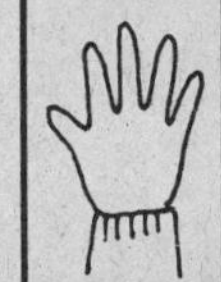

Name	***	**	*

2

Name	***	**	*

3

Name	***	**	*

4

Name	***	**	*

5

Name	***	**	*

6

Name	***	**	*

7

Name	***	**	*

*** Supergerne / Supergut
** Gerne / Gut
* Naja / Naja

1 Helfen
2 Meine Meinung vertreten
3 Wandern
4 Geschenke machen
5 Anderen eine Freude bereiten
6 Singen
7 Briefe schreiben

Talentschuppen II

Was tue ich gerne? Was kann ich gut? Sagt euch gegenseitig, was euch am anderen gut gefällt und was er gut macht!!!

1	Name	***	**	*

2	Name	***	**	*

3	Name	***	**	*

4	Name	***	**	*

5	Name	***	**	*

6	Name	***	**	*

7	Name	***	**	*

8	Name	***	**	*

9	Name	***	**	*

10	Name	***	**	*

11	Name	***	**	*
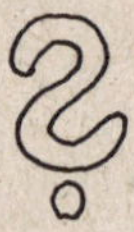				

*** Supergerne / Supergut
** Gerne / Gut
* Naja / Naja

1 Musik machen
2 Musik hören
3 Lesen
4 Sport
5 Schwimmen
6 Malen
7 Spiele
8 Zuhören
9 Haushalt führen / helfen
10 Humor
11 Denkt euch weitere Fragen aus

Trinitatis-Dreieinigkeit / Dreifaltigkeit

Am Sonntag nach Pfingsten feiern die Christen Trinitatis, das Dreieinigkeitsfest. Wie der Name aussagt, sind Gott Vater, Gott Sohn und Gott heiliger Geist miteinander vereinigt. In der katholischen Bezeichnung von Trinitatis wird ein anderer Aspekt deutlich: Dreifaltigkeit beinhaltet die Vielfältigkeit, Verschiedenartigkeit und doch Sinneseinheit Gottes, die in den drei Personen Vater, Sohn und heiliger Geist zum Ausdruck kommt. Oft wird Gott als Schöpfer, Jesus als Retter und der heilige Geist als Tröster bezeichnet. Die Lehre der Trinität Gottes entstand erst in der nachpaulinischen Zeit, um sich inhaltlich von aufkommenden Sekten abzugrenzen.

Eine komische Rechnung

Aufgeregt komme ich nach Hause. In Religion behauptete unser Lehrer, daß 1+1+1 gleich 1 ist. Dabei weiß doch jedes Kind, daß das Ergebnis drei ist.
Aber er hat nur etwas sagen wollen: Obwohl es Jesus, Gott und den heiligen Geist gibt, handelt es sich dabei um ein und denselben Gott. Verstanden habe ich das aber noch nicht. Ich werde einfach Mama fragen.
Zuhause angekommen renne ich gleich in die Küche.
»Mama, was gibt 1+1+1«?
»Du willst mich wohl verkohlen! Drei natürlich. Aber das solltest du doch wissen, Felix.«
Triumphierend antworte ich:
»Unser Relixlehrer jedenfalls behauptet steif und fest, daß 1+1+1 gleich 1 ist.«
Zuerst schaut Mama ganz verdutzt. Dann lacht sie und meint:
»Dein Lehrer meint wohl die Dreieinigkeit Gottes.« Ich schaue etwas enttäuscht, weil Mama das Rätsel so schnell gelöst hat und brumme. »Genau. Aber ich habe eigentlich noch gar nicht verstanden, wie das sein kann. Ich dachte, wir Christen haben nur einen Gott.«
»Aber so ist es ja auch,« antwortet Mama, »Gott Vater zeigt sich den Menschen als Schöpfer, in Jesus, seinem Sohn, zeigt er sich als Retter und im heiligen Geist schenkt er den Menschen Kraft und Vollmacht allen Menschen von Jesus zu erzählen.«
Mama muß irgendwie merken, daß ich noch nicht ganz durchblicke. Sie erklärt:
»Schau, die Sonne. Gott Vater ist die Sonne. Jesus ist das Licht und der heilige Geist schenkt uns die Wärme. Und trotzdem ist es ein und dieselbe Sonne. Es gibt keine Sonne, die nicht Licht und Wärme spendet. Und ohne Sonne gibt es weder Licht noch Wärme.«
»Du meinst, daß Gott, Jesus und heiliger Geist zusammengehören?«
»Ja, denn sie erzählen uns dieselbe Botschaft, nur auf unterschiedliche Art und Weise,« fügt Mama hinzu, »nämlich: Du, Felix - du Lisa, Mama und Papa - du Mensch ich hab dich lieb!«
Als ich nachmittags auf der Terrasse sitze, schaue ich zwinkernd in die Sonne. »Stimmt«, denke ich leise bei mir, »sie leuchtet hell und bringt Wärme zu uns. Wie gut, daß Gott auch so zu uns ist.«

1+1+1=1

V. Kapitel

Erntedank / Ewigkeitssonntag / Allerseelen / St. Martin

Erntedank

An Erntedank danken wir Gott für das tägliche Brot, für die Früchte des Feldes und der Bäume und für alles, was uns anvertraut ist.
Der verantwortliche Umgang mit den Gaben der Natur schließt umweltbewußtes Handeln mit ein. Wie du konkret mit Abfall umweltbewußt umgehen kannst, kann im Spiel auf Seite 81 erprobt werden.

Der besondere Obstsalat

Ihr braucht

- verschiedene Sorten Obst
- Schälmesser
- Zahnstocher, buntes Papier, Nelken...

Papa hat einen großen Korb, gefüllt mit vielen Früchten auf den Tisch gestellt. »Jeder darf sich jetzt Früchte nehmen und etwas daraus machen,« sagt Papa.
Mama spießt ein Bananenstück, ein Apfelstück und oben auf eine Traube auf einen Zahnstocher.
»Das sieht ja aus wie ein kleines Männchen«, rufe ich und finde jetzt auch Spaß an der Sache. Ein Apfelviertel bekommt einen Zahnstocher als »Mast«. Und ein buntes Papierchen wird das »Segel«. Mein Minischiff ist fertig.

Was macht denn Lisa da? »Schau mal, Felix. Die Birnenhälfte sieht doch aus wie ein kleiner Puppenwagen. Die Weintrauben sind die Räder, ich habe sie mit einem Zahnstocher festgepiekst. Das Gummibärli ist das Baby« erklärt mir Lisa.

Tip
Erlaubt ist was gefällt, aber zum Schluß wird alles zu einem Obstsalat verarbeitet. Guten Appetit!

Alu, Hose und Papier

Wir sind besondere Müllmänner: Wir schmeißen ihn nicht einfach in die Mülltonne, sondern wir sammeln ihn und bringen ihn dahin, wohin er gehört.

Spielvorbereitung

Ihr braucht

- 1 Karton DIN A3 (z.B. Rückseite eines großen Zeichenblockes)
- Stifte und Schere
- 10 - Pfennig - Stücke
- verschieden farbige Spielsteine und Würfel
- Kopie der Seite für Auftragskärtchen

Übertragt den Spielplan (s. Skizze) auf den Karton.
Mit Hilfe der 10 Pfennig-Stücke markiert ihr die insgesamt 10 Stationen und beschriftet sie. Zeichnet dann die Lauffelder ein und kennzeichnet die Ereignisfelder.
Schneidet die 24 Auftragskärtchen aus der Kopie aus, mischt sie und legt sie verdeckt auf einen Stapel.

Spieldurchführung:

Jeder Umweltfreund zieht nun aus dem Stapel 4 Auftragskärtchen mit einem Müllproblem. Die restlichen Kärtchen kommen auf das Ereigniskartenfeld in der Mitte des Spielplans (s. Skizze).

Lest eure 4 Auftragskärtchen durch und sucht auf dem Spielplan den richtigen Ort.
Jetzt überlegt euch den kürzesten Weg und ordnet eure Karten entsprechend.
Jetzt wird reihum gewürfelt. Der Spieler mit der höchsten Augenzahl beginnt. Kommt ein Spieler auf ein Ereignisfeld, muß er eine neue Auftragskarte vom Stapel ziehen. Sind keine Karten mehr vorhanden, zieht er verdeckt 1 Karte von dem Mitspieler mit den meisten Karten.
Kommt ein Spieler auf eine Entsorgungsstation (Wertstoffcontainer), darf er das entsprechende Kärtchen dort ablegen.
Achtung!! Ist ein Mitspieler auf einer Station, zu der du auch mußt, darfst du einmal würfeln. Bei einer 1 oder 6 kannst du deine passende Karte dort ebenfalls ablegen.
Gewonnen hat, wer den Abfall richtig entsorgt hat und als erster wieder am Startfeld ist.

Variante

Treffen sich zwei Spieler auf einem Feld, dürfen sie Karten tauschen.

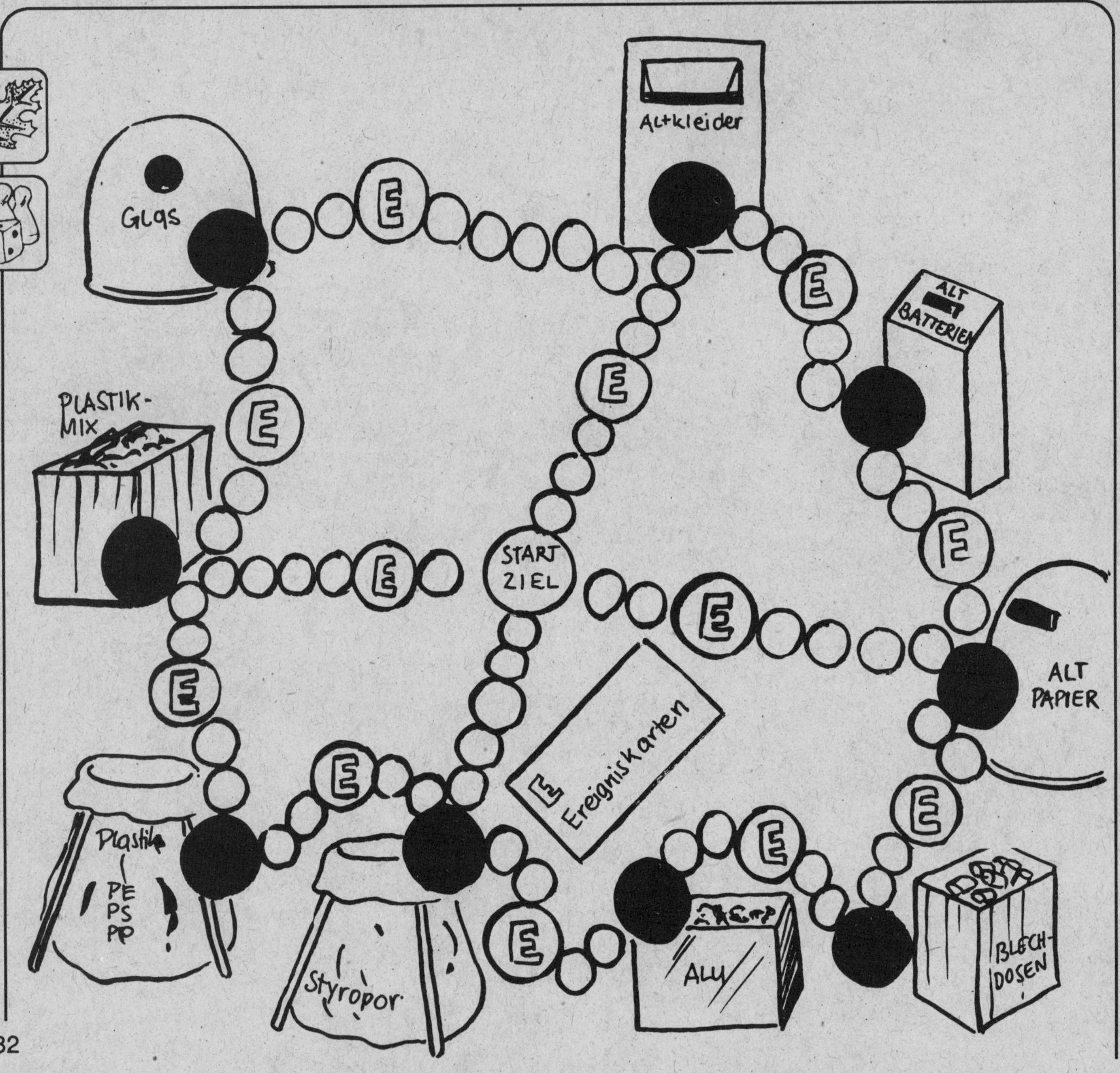
Glas
Altkleider
ALT
BATTERIEN
PLASTIK-
MIX
START
ZIEL
ALT
PAPIER
Ereigniskarten
Plastik
PE
PS
PP
Styropor
ALU
BLECH-
DOSEN

Aufgabenzettel

Du willst ein altes T-Shirt loswerden. Wohin damit?

Deine Socken lösen sich auf. Entsorge sie!

Deine Hose ist nicht mehr brauchbar. Was tust du?

Deine Taschenlampe gibt den Geist auf. Was tun?

Deinem Walkman geht zum x-ten Mal der Saft aus. Wohin mit der Batterie?

Deine Uhr tickt nicht mehr richtig. Die Knopfzelle ist leer...

Wer liest schon die Zeitung von gestern?

Wohin damit? Papierschnipsel! Bringe sie an den richtigen Ort, denn auch Kleinvieh macht Mist!

Nach häufiger Nutzung ist das Geschenkpapier verknüllt. Wo bringst du es hin?

Die Pizza hat gut geschmeckt, doch wohin mit den Tomatendosen?

Die Kronkorken gehören nicht in den Abfall, sondern?

Du findest die Aprikosendose im Abfall. Blech gehabt?

Das Joghurt war lecker, doch wohin mit dem Deckel?

Das Silberpapier deiner Schokolade bringst du wohin?

Der Plattenspieler hat den Umzug überlebt. Wohin mit der Styroporverpackung?

Zu deiner großen Freude bröseln aus dem Päckchen Styroporflocken. Was tun?

Auf dem Boden deines Joghurtbechers entdeckst du zwei Buchstaben: PS Geheimzeichen oder Kennzeichen?

Endlich! Kuchen! Aber bitte mit Sahne! Doch wohin mit dem Becher?

Quark reden ist eine Sache, Quark essen eine andere, denn: Quark macht stark! Wenn da nicht der Streß mit dem Plastikbecher wäre! Wohin mit diesem PP?

Jeder Topf hat einen Deckel, fast jede Flasche einen Plastikverschluß. Wohin mit dem Teil?

Der Hausputz ist geschafft und du bist es auch. Wohin mit dem leeren Putzmittelbehälter?

Eine leere Flasche Wein bleibt ungern allein. Bringe sie in gute Gesellschaft!

Das Gurkenglas ist im Abfall gelandet, du Gurke! Bringe es dorthin, wohin es gehört!

Scherben bringen Glück! Doch wohin mit dem zerbrochenen Glas?

Erntedank - Suchbild

Wieviele und welche Erntedankfrüchte seht ihr?

Lösung auf Seite 94

Das Danke- Ich freu mich- Spiel

»Mama, Mama heute haben wir ein schönes Danke- Spiel bei Tante Magdi gespielt,« ruft Lisa und kommt ins Wohnzimmer gehüpft, »soll ich euch sagen, wie das Spiel geht?« »Komm her Lisa,« Mama nimmt ihre Tochter in den Arm, »erzähle uns doch einmal von heute Nachmittag«.
Lisa hat uns ganz begeistert von dem neuen Spiel berichtet. Wollt ihr auch wissen, wie es geht?

Ihr braucht

- verschiedene Familienlieblingskleinigkeiten (z.B. Rosinen, Erdnüsse, Pistazien, Schokokugeln..)
- Würfel

Anleitung

Die Leckereien werden in einer Reihe in Kreis-, Herz- oder Schlangenform auf den Tisch gelegt.
Der/die Jüngste darf mit dem Würfeln beginnen.
Bevor gewürfelt werden darf, muß sich jeder Spieler einen Satz überlegen, der mit »Danke...« oder »Ich freue mich.....« beginnt.
Am Anfang erscheint es ein wenig schwierig und man muß ganz schön nachdenken. Aber plötzlich fallen einem dann doch viele Dinge ein, über die wir uns freuen.

»Ich freue mich, daß ich heute so liebe Post von.... bekommen hab.«
»Danke, daß du mir gestern ohne zu Meckern geholfen hast.«
»Ich freue mich, wenn du dich schön anziehst.« »Danke, daß du dir immer besondere Mühe gibst, wenn du ...«
»Ich freue mich, daß ich nach meiner langwierigen Erkältung endlich wieder gesund bin.«...
Die gewürfelte Zahl wird vom Start an gezählt, und die dort liegende Leckerei darf genommen werden.

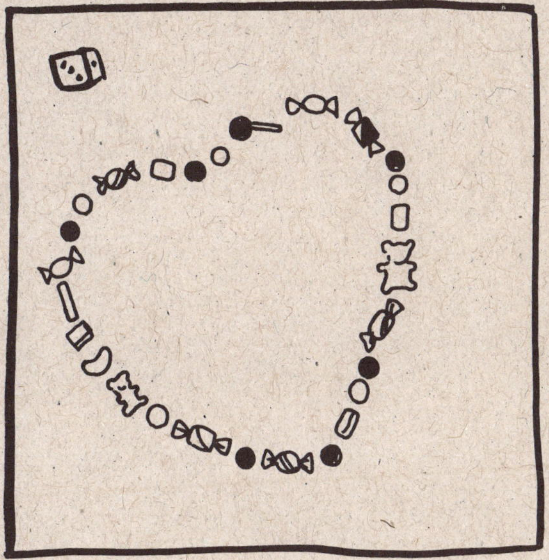

Gebetswürfel

Du brauchst

- festes Tonpapier
- Schere und Kleber
- Filzstifte

Pause die Würfelvorlage auf durchsichtiges Papier ab und schneide sie aus.
Lege die ausgeschnittene Vorlage auf festes Tonpapier und umfahre sie mit einem Bleistift. Die gestrichelten Linien zeichnest du leicht auf.
Jetzt darf jeder sein Lieblingsgebet auf eine Würfelseite schreiben und mit kleinen Zeichnungen verzieren.

Dir fällt kein Tischgebet ein? Hier ein paar Vorschläge:
»Alle guten Gaben, alles, was wir haben, kommt o Gott von dir, wir danken dir dafür!« oder »komm, Herr Jesus, sei unser Gast und segne, was du uns bescheret hast!« oder vielleicht: »kommt zu Tisch, froh und frisch essen wir das Brot. Gott hat uns beschert, was das Herz begehrt, leiden keine Not!«
Selbstverständlich darfst du auch ein eigenes Gebet aufschreiben. Wenn jeder sein Tischgebet aufgeschrieben und verziert hat, faltet Ihr den Würfel an den gestrichelten Linien. Am Schluß klebt Ihr die Laschen an den Seiten fest. Viel Spaß beim Würfeln und Beten!
Übrigens: Auch für Nachtgebete kannst du einen Gebetswürfel basteln. Du brauchst nur andere Gebete aufschreiben.

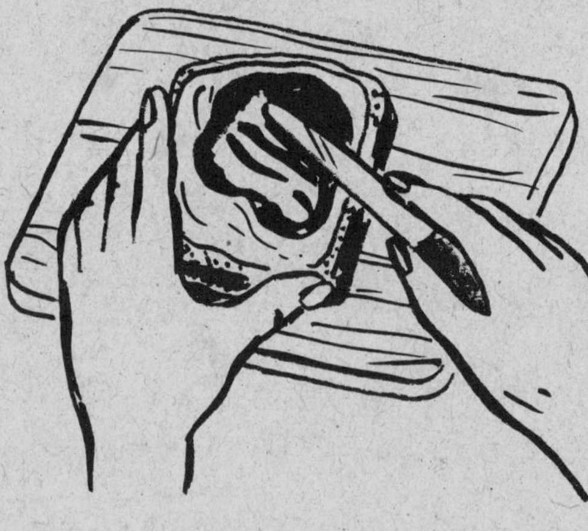

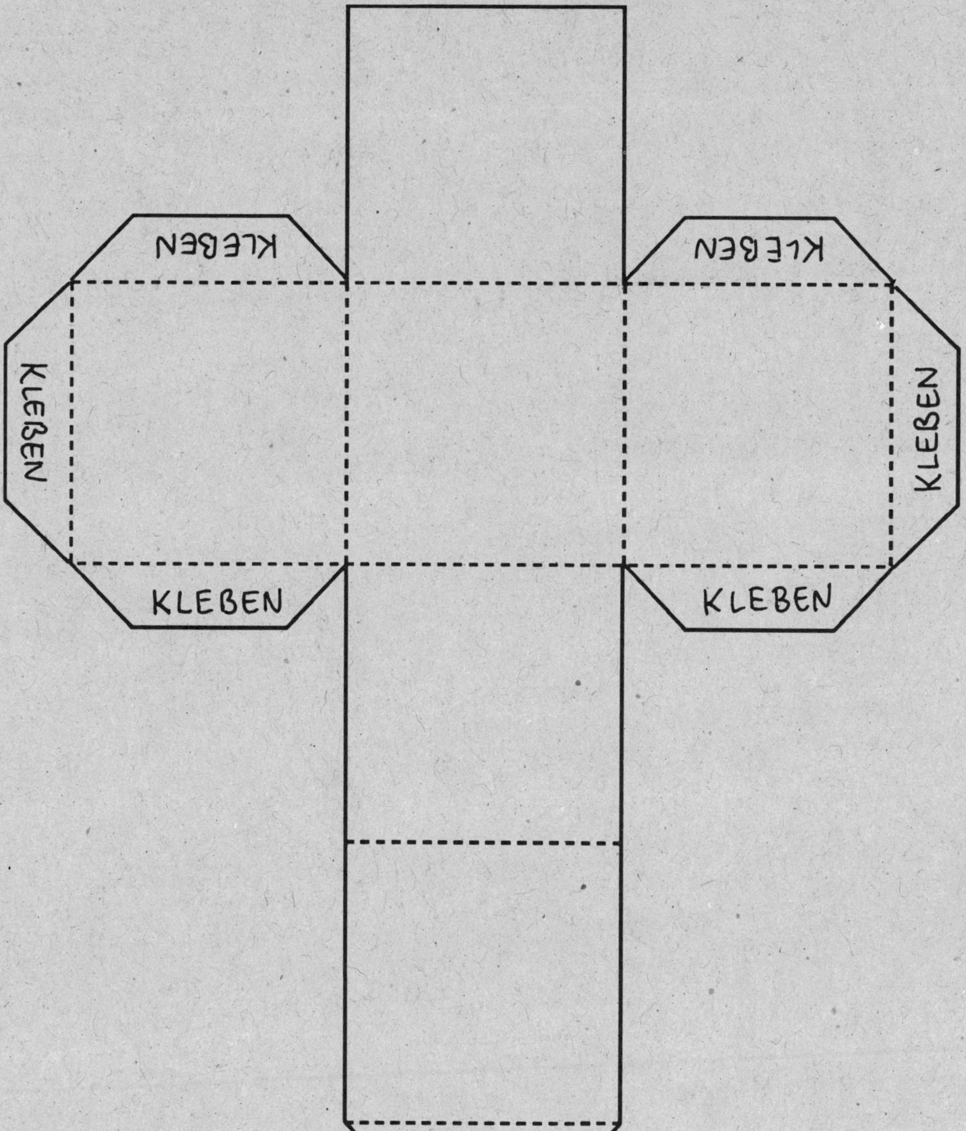
KLEBEN
KLEBEN
KLEBEN
KLEBEN
KLEBEN
KLEBEN
KLEBEN

Ewigkeitssonntag
(evangelisch),

Allerseelen (katholisch)

Tage an denen wir besonders an die Verstorbenen denken und über Tod und Leben nachdenken.

Besuch am Grab

Heute ist ein kühler, regnerischer Herbsttag. Wir haben Oma und Opa besucht und sind jetzt gemeinsam auf den Friedhof gegangen. Viele Leute sind heute hier.
Sie bringen Blumen und Kränze und legen sie auf die Gräber. Manche zünden neue Kerzen an, andere stehen still vor den Gräbern.
Gewiß beten sie oder denken an die Menschen, die nicht mehr leben. Wir gehen zu dem Grab von unserem Onkel. Ich kann mich kaum noch an ihn erinnern, aber Mama erzählt oft von ihrem Bruder.
Sie erzählt von ihrer Kindheit, wie sie zusammen gespielt und gelacht, sich gestritten und versöhnt haben. Sie erzählt von ihren gemeinsamen Reisen und Unternehmungen, und wie lustig ihr Bruder war. Und sie erzählt auch von seinem Tod, wie traurig alle waren.
Durch Mamas Erzählen ist mir mein Onkel vertraut, fast so, als hätte ich ihn selbst gekannt.
»Mama« fragt Lisa,« Mama, was passiert denn eigentlich mit den Menschen die gestorben sind?«
»Das ist eine schwierige Frage, Lisa,« sagt Mama, »auf manche Fragen haben auch wir Erwachsenen keine Antwort. In der Bibel spricht Gott selbst von einer neuen Erde, ohne Kriege und ohne Tränen und Gott selbst wird bei uns Menschen wohnen. Aber richtig vorstellen können wir uns das nicht.«
»Da fällt mir die Geschichte von der kleinen Raupe ein«, meint Papa,
»Die kleine, grüne, dicke und nicht besonders schöne Raupe fing eines Tages an sich einzupuppen. Jetzt war sie in der Hülle eingeschlossen und von außen sah sie aus wie tot. Doch nach einiger Zeit schlüpfte aus der toten Hülle, der wunderschönste Schmetterling, den man sich vorstellen kann. Es war noch dasselbe Tier, und doch ganz verwandelt. Bestimmt hat es sich die kleine Raupe nie träumen lassen, daß aus ihr einmal ein so schöner Schmetterling wird.
Das ist für mich auch ein Bild für den Tod und die Auferstehung. Heute wissen wir noch nicht wie es sein wird. Aber wir Christen glauben daran, daß wir im Leben und im Tod in Gott geborgen sind.«
»Ich will aber gar nicht sterben« sagt Lisa und kuschelt sich ganz fest an Mama.
»Das ist auch gut so,« antwortet Mama, »unser Leben ist ein Geschenk und wir dürfen es genießen.«

Martinsfest

Martin lebte im 4.Jhd.n.Ch.. Er war der Sohn eines hohen römischen Offiziers. So wurde Martin auch Soldat. Als junger Mann wurde er Christ und ließ sich taufen. Er bat um Entlassung aus dem Militärdienst. Einige Jahre lebte er als Einsiedler. Danach gründete er im heutigen Frankreich mehrere Klöster und wurde zum Bischof von Tours gewählt.

Martin teilt seinen Mantel

Zu der Zeit, als Martin noch Soldat war, begegnete er bei einem Ausritt einem armen Bettler. Es war ein bitterkalter Winter und der arme Mann fror sehr.
Da teilte Martin seinen Mantel in der Mitte und schenkte eine Hälfte dem Bettler. In der darauffolgenden Nacht träumte Martin von dem Bettler und erkannte in ihm Christus.
»Was du einem meiner geringsten Brüder getan hast, das hast du mir getan,« sagt Jesus.

Brauchtum

In einigen Gegenden Deutschlands ist es üblich, daß die Kinder am Martinstag bei Einbruch der Dämmerung mit Laternen durch die Straßen ziehen. Manchmal werden sie sogar von einem berittenem »Martin« begleitet.

Die Martinsgans

Was hat die Gans mit dem heiligen Martin zu tun?
Der Legende nach versteckte sich Martin im Gänsestall, als ihn die Menschen von Tours zu ihrem Bischof wählen wollten. Martin war zu bescheiden, um dieses Amt anzunehmen. Da sich die Gänse von dem »Eindringling« gestört fühlten, schnatterten sie so laut, daß Martin entdeckt wurde. So halfen die Gänse, daß Martin Bischof wurde.
Außerdem:
Die Gänse sind über den Sommer hin gut gemästet worden.
Da früher die Adventszeit als Fastenzeit gefeiert wurde,
war der Martinstag einer der letzten Möglichkeiten,
einen guten Gänsebraten zu verzehren.

Zahlenbild

Wer ist das? Und was tut er?

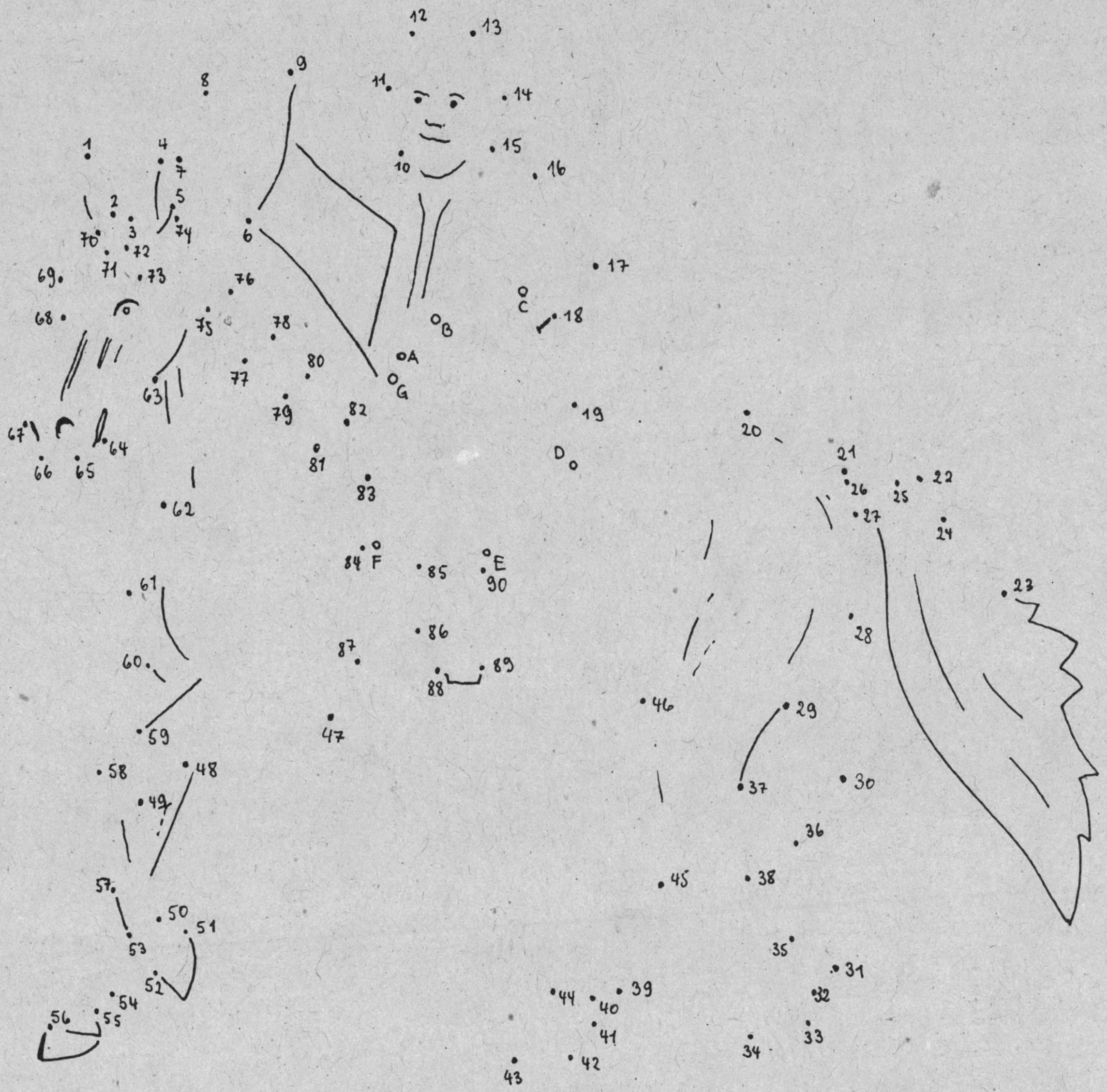

Die Martinslaterne

Du brauchst

- 4 leere Eierschachteln
- buntes Transparentpapier
- 1 10 x 10cm großes Quadrat aus Tonkarton
- Kleber und Schere
- 30cm lange Laternenstangen aus Holz (Ø 0.5cm)
- Kupferdraht (fest)
- 1 Kerze oder Teelicht
- 1 Bürohefter

Schneide zuerst von den Eierschachteln die Spitzen der Böden ab (vgl. Skizze). Aus dem farbigen Transparentpapier reißt du dann kleine, ca. 4x4cm große Teile, schiebt sie vorsichtig von innen in die entstandenen Löcher und klebt sie am Rand fest. Je mehr Farben du auswählst, umso bunter leuchtet später dein Lampion. Mit dem Bürohefter knipst du nun die vier Eierschachtelböden zusammen.
Schneide jetzt das 10x10cm große Quadrat so zu, daß es genau als Laternenboden paßt. Auf den so entstandenen Tonkartonboden tropfst du mit einer brennenden Kerze ein paar Wachstropfen und drückst darauf deine Kerze, bzw. dein Teelicht vorsichtig fest.
Aus dem Kupferdraht biegst du einen Henkel. Stecke beide Enden durch die Eierschachtel und biege sie um. Den Rest des Kupferdrahtes wickelst du um die Laternenstange und hängst die Spitze in den Henkel ein (s. Skizze). Fertig ist die Laterne!

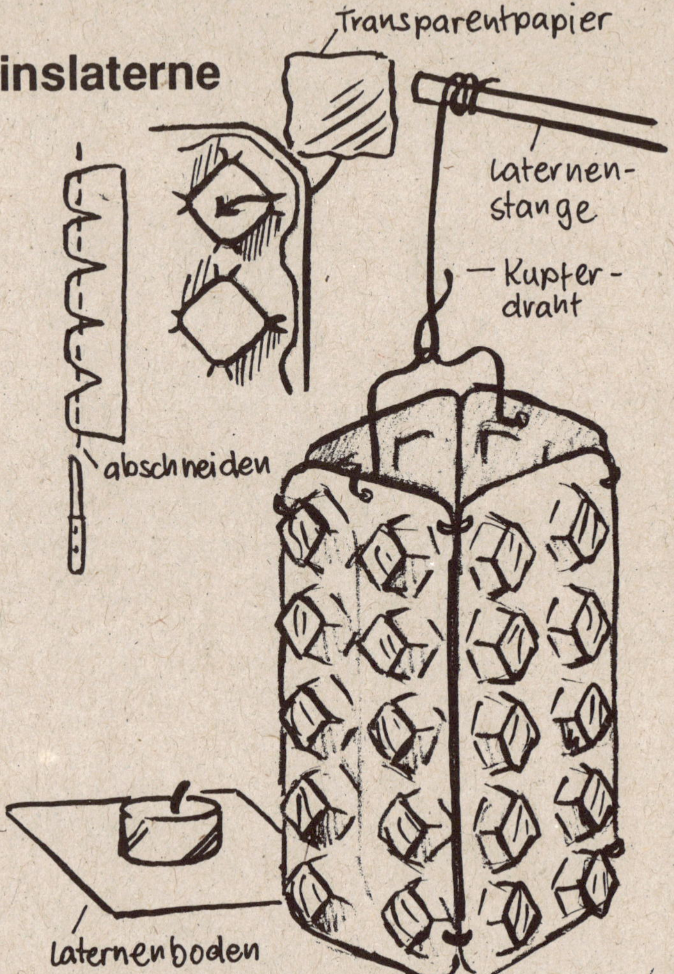

In Süddeutschland ziehen die Kinder mit den Martinslaternen durch die Straßen und singen Lieder. Hier ist ein bekanntes Lied: "Ich gehe mit meiner Laterne und meine Laterne mit mir. Hoch oben leuchten die Sterne und unten leuchten wir. Mein Lichtlein brennt, es naht der Advent, rabimmel,rabammel, rabumm."

Was fällt euch bei diesen Bildern zum Thema »Teilen« ein?

Teilen ist (k)ein Kinderspiel. Wo und wie können Erwachsene durch Teilen helfen?

Lösungsseite

1. Nikolaus - ein Buchstabenrätsel (S.19)
-Nüsse - Puppe - Mandarinen - Buch - Auto - Kerze - Schokolade - Eisenbahn - Schal – Stofftier - Lebkuchen

2. Großer Weihnachtseinkaufsbummel
Ihr findet 21 Sterne **(S.30)**

3. Weihnachtsliederquiz (S.33)
Die fehlenden Worte sind:
1. kommt
2. Fröhliche
3. Morgen
4. Weihnachtsbaume
5. Macht
6. Alles

Der Jünger heißt: **Thomas**

4. Kreuzworträtsel (S.36)
- jetzt schlägts gleich zwölf

Die Lösung heißt: **Mitternacht**

5. Wer findet was? (S.61)
Daniel findet, das Osterei
Melanie findet, den Hasen
Mirjam findet, das Kücken.
Jo findet, die Schüssel mit Eiern.

6. Lisas Osterbilderrätsel (S.66)
Der Lösungssatz lautet: der Herr ist auferstanden!

7. Erntedank - Suchbild (S.84)
3 Karotten 3 Kartoffeln 3 Pflaumen 5 Äpfel 3 Bananen

8. Zahlenbild (S.91)
der Heilige Martin teilt seinen Mantel

Literaturverzeichnis

Feste und Bräuche im Jahreskreis Paul Pattloch Verlag Aschaffenburg 1985
Nimm das Jahr als Fest Betrachtungen zum Kirchenjahr Hans Domenig Kaufmann Reinhardt 1986
Der Festkreis des Jahres von Georg von Gynz-Rekowski Union Verlag Berlin 1981
Christliches Brauchtum im Jahreskreis von Hermann Kirchhoff Kösel - Verlag München 1990
Das Kirchenjahr Feste, Gedenk- und Feiertage in Geschichte und Gegenwart Union Verlag Berlin 1986

Margit Thomas

Das alternative Bastelbuch für Kinder

ISBN 3-86188-100-4 • 96 Seiten

Dieses Bastelbuch ist deshalb alternativ, weil es erstens auf Original Umweltschutzpapier gedruckt wurde und zweitens viele Wegwerfartikel aus dem Haushalt als Basismaterial für lustige Bastelideen verwendet werden.

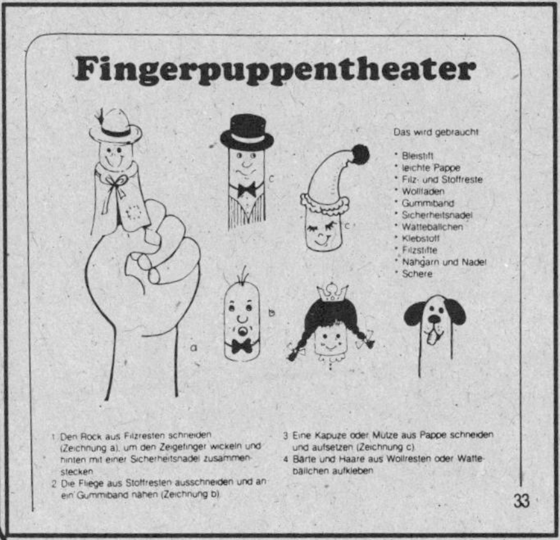

Marlies Becher

Schneckenpost und Teddy Brumm

ISBN 3-86188-166-7 • 96 Seiten

In jedem Haus gibt es Stoffreste. Dieses Buch zeigt Kindern und Erwachsenen, wie aus Alt Neu wird, wie aus Stoffresten nette Bastelideen entstehen. Ob für den Eigengebrauch oder als Geschenk, für jede Gelegenheit findet sich eine gute Idee.

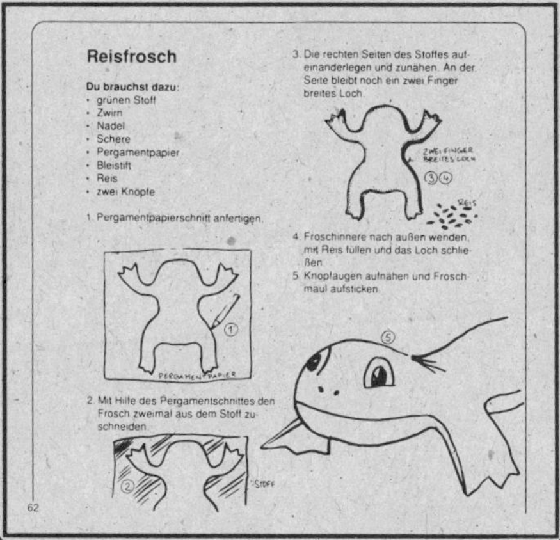

Margit Thomas

Viel Spaß für wenig Geld

Spiele Basteln aus Haushaltsresten

ISBN 3-86188-111-X

Basteln und Spielen, das sind die Lieblingsbeschäftigungen aller Kinder. Erst basteln wir unsere Spiele selbst aus vielen kleinen Gegenständen und Resten aus dem Haushalt, dann spielen wir nach Herzenslust Familienspiele, Lege, Wurf- und Bewegungsspiele, Geburtstagsspiele, Tisch- und Brettspiele, Schatzsuche und vieles mehr Bastelfreude und Spielspaß für Drinnen und Draußen.

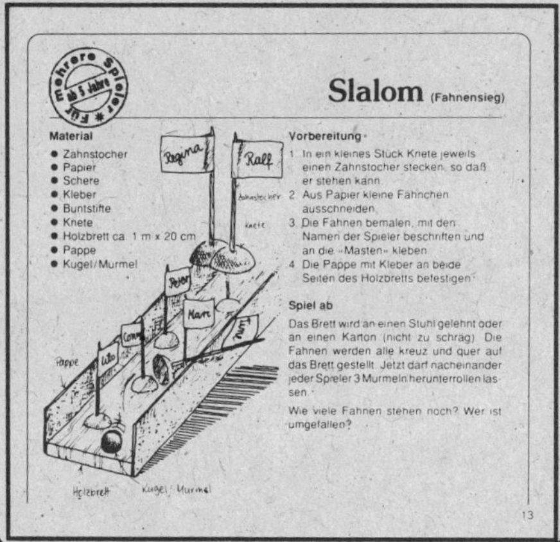

Fragen Sie nach dem **Zebold** Gesamtverzeichnis

Angela Zeidler-Frész
Kinderfeste – einfach und lustig
ISBN 3-86188-105-5 • 96 Seiten

»Eine Kinderparty muß kein Streß sein oder viel Geld kosten!« Unter diesem Motto gibt dieses Buch Anregungen, wie Eltern mit Kindern gemeinsam mit viel Spaß und Freude das Kinderfest aktiv & kreativ vorbereiten und durchführen können.

Margit Thomas
Denksport für Kinder und Nilpferde
ISBN 3-86188-103-09 • 96 Seiten

Lachen, knobeln, rätseln. Dieses Buch ist vollgepackt mit Ideen, Anregungen und lustigen, lehrreichen und spannenden Rätseln und Denksportaufgaben. Es soll Kinder und Erwachsene anleiten, selbst aktiv und kreativ zu werden.

Susan Butler
Das alternative Spielebuch für Kinder, – Band 2
ISBN 3-86188-108-X • 96 Seiten

Die Fortsetzung des erfolgreichen ersten Bandes ist endlich da! Das Spielebuch wurde in einem besonderen Konzept aufgebaut. Alle Spiele können entweder im Wettbewerb oder alternativ ohne einen Verlierer durchgeführt werden. Das Buch enthält Spiele für alle Altersgruppen.

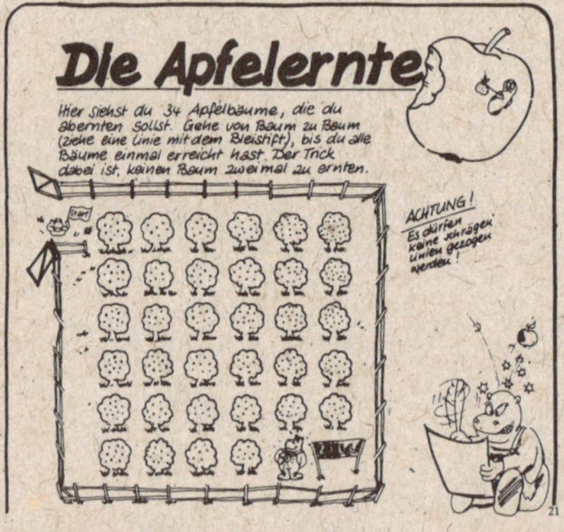

Fragen Sie nach dem **Zebold** Gesamtverzeichnis